LE
CHATEAU DE BÉARN

(Ancienne **Maison de l'Électeur**)

A SAINT-CLOUD

PAR

PAUL CORNU

Archiviste-Paléographe.

VERSAILLES

IMPRIMERIE AUBERT, 6, AVENUE DE SCEAUX.

—

1907

LE CHATEAU DE BÉARN

A SAINT-CLOUD

Extrait de la **Revue de l'Histoire de Versailles**

(Février et Mai 1907).

1. — La *Maison de l'Électeur*, après le bombardement (1871).

LE
CHATEAU DE BÉARN

(Ancienne **Maison de l'Électeur**)

A SAINT-CLOUD

PAR

PAUL CORNU

Archiviste-Paléographe.

VERSAILLES

IMPRIMERIE AUBERT, 6, AVENUE DE SCEAUX.

1907

II. — La *Maison de l'Électeur* (état actuel).

LE CHATEAU DE BÉARN

(Ancienne **Maison de l'Électeur**)

A SAINT-CLOUD [1]

I. — L'ÉLECTEUR DE BAVIÈRE.

1713-1714

L'Electeur de Bavière, Maximilien-Emmanuel, alors qu'il attendait en France qu'on lui rendît ses Etats, avait pour résidence habituelle le château de Compiègne (2). Mais ses fréquents

[1] Les titres de cette propriété ont probablement disparu dans l'incendie du château, en 1871. Depuis, M. Darney, dans son ouvrage sur *Saint-Cloud* (1903), a tenté d'en rétablir l'histoire. Mais la plupart des faits qu'il avance, sur ses origines surtout, sont complètement erronés.

(2) Voir Dervillé (J.), *Le duc de Bavière à Compiègne* (*Bull. Soc. hist. Compiègne*, t. IX (1899), p. 228-252).

voyages à la Cour l'obligèrent à se chercher un pied-à-terre plus proche, entre Paris et Versailles. Lors du premier séjour qu'il avait fait, incognito, à Paris, en 1709 (1), il s'était installé aux environs de Marly, probablement à Villiers-la-Garenne (2); après le 25 février 1713, il avait habité, à Suresnes, une « petite maison » qu'il y avait louée (3); enfin, le 10 août de la même année, il traita avec le financier Marcet pour acquérir la propriété de Mme Ebrard, à Saint-Cloud (4).

Voici quelques renseignements sur les propriétaires antérieurs de cette demeure, située sur le coteau, à l'extrémité du village du côté de Suresnes, et dont les jardins descendaient en terrasse jusqu'à la Seine.

Elle avait été constituée, dans l'état où elle se trouvait alors, par Bernard des Rieux (5), maître de la Chambre aux deniers du Roi, qui, en 1675, par deux acquisitions distinctes (6), y avait réuni :

1° Une maison provenant du sieur de Gâtine, munie d'un colombier et désignée sous le nom de *Maison de la Salle* ou *de la Gâtine;*

2° Une maison, avec vaste jardin, provenant du sieur de Vaux, dite *Maison du Pressoir*, et relevant de la précédente (7). La maison du Pressoir et ses dépendances avaient appartenu, dans la première moitié du XVIIe siècle, à Jean Picot (8), écuyer,

---

(1) *Mémoires de Saint-Simon* (éd. Boislisle), t. XVIII, p. 221.

(2) « La Boiserie du Grand Autel [de l'église de Villiers] avec le tableau des Disciples d'Emmaüs a été donnée par le duc de Bavière, père de l'Empereur défunt, parce que dans le temps qu'il était retiré en France il demeura sur cette paroisse. Il était logé dans la maison de M. Moreau, père de M. de Séchelles. » (Abbé Lebeuf, *Histoire ecclésiastique du diocèse de Paris*, t. I, p. 432.)

(3) *Mémoires de Saint-Simon* (éd. Chéruel), t. IX, p. 433, et t. X, p. 15 et 74.

(4) Arch. nat., T 153³⁴.

(5) Bernard des Rieux, fils de Bernard (maître des Comptes, à Montpellier), seigneur de Fargis en Hurepoix, de Blainville en Beauce et de la baronnie de Saint-Michel de Laon, au diocèse de Mirepoix, conseiller-secrétaire et maître d'hôtel ordinaire du Roi, conseiller d'Etat par lettres du 11 juillet 1676; mort le 11 novembre 1702, à 76 ans. (Bibliothèque nationale, Cabinet des titres, Dossiers bleus 566.)

(6) Arch. nat., S 1137 et 1139. Analyse de l'arrêt du Parlement de 1697 cité plus loin.

(7) Les deux corps de logis relevaient du fief de Metz et, comme tels, étaient enclos dans la censive du chapitre de Saint Cloud. La partie du jardin sise au-dessous de la sente Feudon ou des Milons relevait de la censive de l'archevêché de Paris. (Arch. nat., N³ (S.-et-O.) 420 et N⁴ (S.-et-O.) 247; S 1132 et 1137.)

(8) Une estampe de Mariette, gravée par Collignon (avant 1651), cite, parmi les

lieutenant des gardes du Roi en la prévôté de l'Hôtel, qui, en
1651, les avait cédées à la veuve de Julien Gravé, seigneur du
Pré (1); celle-ci, après les avoir embellies, vers 1658, par des
« améliorations et réparations tant utiles que voluptueuses...,
consistant en cascades, conduites et jets d'eau (2) », les avait
transmises à sa fille Françoise, épouse du marquis de Nérestan (3),
par qui elles avaient été vendues à Bernard des Rieux (4).

Des deux corps de logis, l'un, la maison du Pressoir (plus tard
maison de l'Electeur), faisait face à la Seine. L'autre lui était

beautés de Saint-Cloud, « le jardin du sieur Picot » qui « finit agréablement le
bourg du côté de Suresne ». (Bibl. nat., Estampes, Ed 38, *Œuvre de François
Collignon;* 2 états). C'est à tort que M. Darney (*ouv. cit.*) croit pouvoir, à l'aide de
cette estampe, identifier la maison qui nous occupe avec celle de M. de Morangis.
Un inventaire après décès de la maison que celui-ci possédait réellement à Saint-
Cloud (Arch. nat., Z² 4004) ne laisse aucun doute sur ce point.

(1) Jean Gravé, sieur de Launay, de la Ville-aux-Oiseaux et de Saint-Malo, trésorier et receveur général des finances en Bretagne, secrétaire du Roi et président
de la Chambre des comptes de Nantes, mort en 1655. (Bibl. nat., Cabinet des titres,
P. O. 1402.)

(2) Ainsi qu'il est contenu dans l'acte de vente du 4 janvier 1675, dont la minute
existe encore dans l'étude de Mᵉ Naret, notaire à Paris, à qui j'en dois l'aimable
communication.

(3) Charles-Achille, marquis de Nérestan, chevalier des ordres du Roi, comte
d'Autremont, seigneur et baron de Roches-Regnier, Saint-Didier et autres places,
grand chef et grand maître des ordres de Notre-Dame de Mont-Carmel et de Saint-
Lazare de Jérusalem. (Minute de 1675 et Bibl. nat., Cabinet des titres, P. O. 1402.)

(4) Voici, d'après la minute de 1675, la description de la propriété : « ... c'est à
savoir une grande maison consistant en un grand corps de logis, couvert d'ardoise, appliqué à une grande cuisine, garde-manger, buffet et salle du commun
par bas, grande salle, chambre et garde-robbe au premier estage et au second
estage deux chambres; à costé chambres et garde-robbes, grand grenier au-
dessus, court pavée par devant ladite maison et basse-cour, grande écurie et
grenier au-dessus, caves et logemens pour le jardinier, vollet à pigeons, grand
jardin planté en partie et quantité d'arbres d'excellents et rares fruits, en espal-
liers, et deux arpens un loceau de vignes, bassin et fontaine, auquel jardin il y a
quelques ormes du costé de l'héritage de Mᵉ Quatrehommes, Conseiller du Roy
en sa cour des Aydes, qui ne doibvent excedder la hauteur de 20 pieds; les lieux
ainsi qu'ils se poursuivent, comportent et extendent de toutes parts, assis au ter-
roir de Saint-Cloud-lès-Paris, sur le chemin conduisant au village de Surène; le
tout contenant quinze à seize arpens, environné de murs avec une allée qui est
au bout du jardin, du costé de la rivière de Seyne, de soixante thoises de long ou
environ sur trois thoises de large et le droit de leaue tombant de la fontaine de
Feudon dudit Saint-Cloud, suivant et aux charges de l'accord et transaction passée
entre le feu sieur Picault et les habitans dudit Saint-Cloud par devant Rateau,
greffier et tabellion dudict Saint-Cloud, le neuvième octobre mil six cents quarante... lequel enclos depuis le dict eschange [21 avril 1651] auroit esté augmenté
de trois quartiers ou environ de terre qui auroient appartenu au nommé Hérault
avec les améliorations et réparations tant utiles que voluptueuses qui ont esté
faites... consistant en cascades, conduites et jets d'eau et autres choses... »
Des actes très importants accompagnaient ce titre de propriété, qui en donne

perpendiculaire. Une cour les séparait. Bernard des Rieux avait sans doute fait opérer, dans l'un et dans l'autre, d'importants travaux, car un arrêt du Parlement du 12 février 1697 le condamna à payer au voyer de la seigneurie de Saint-Cloud tous les droits dus « à cause des ouvertures, constructions de portes et tours, plantées tant simples que doubles, ouvertures de fenestres, jambages de pierre de taille, ouverture et fermeture de ruelle, droits d'allignement que ledit sieur de Rieux avait entrepris et fait entreprendre » depuis janvier 1676 (1).

En 1696, le même Bernard des Rieux avait vendu la propriété à Arnaud de Saint-Amand, écuyer. J'ignore quelle était cette veuve Ebrard qui la détenait en 1713.

Lorsque l'Electeur de Bavière jeta son dévolu sur cette demeure, il ne disposait pas des fonds nécessaires à son acquisition. Il menait une existence somptueuse, grand chasseur, grand joueur, adorant le théâtre (2), la musique (3), les soupers, et toujours suivi d'une Cour nombreuse et mêlée. A Compiègne, il

l'analyse : « L'expédition en papier d'une quittance de la somme de dix-huit mille trois cens quatre-vingts deux livres, paiée par dame Françoise Godet, veuve de Jean Gravé, escuyer, sieur de Launay, à Claude Binet, maître-masson, pour les causes mentionnées en icelle, passée par devant Pain et Vasseur, notaires au Chastelet de Paris, le 4e décembre mil six cent cinquante-huit.

« Un procès-verbal faict par les officiers de la chastellenie et prévosté dudit Saint-Cloud, le 5e décembre mil six cens cinquante et un, contenant la permission audit sieur de Launay Gravé de faire la recherche et conduite des caves mentionnées audit procès-verbal, signé en fin Thiou, greffier de la dite prévosté », etc...

(1) Arch. nat., S 1137 et 1139.

(2) Boislisle (Le comte de), éd. des *Mémoires de Saint-Simon*, t. XVIII, p. 224, note.

(3) Voici d'ailleurs le relevé de la note de l'Electeur pour l'Opéra, entre le 31 mars 1713 et le 23 février 1715 (Arch. nat., T 153[38]) :

31 mars	1713	2 loges.	19 août	1714	2 loges.	30 oct. 1714	4 loges.
5 sept.	—	2 places de balcon	21 août	—	4 loges.	11 déc. —	3 loges.
		2 loges.	24 août	—	4 loges.	16 déc. —	3 loges.
4 février	1714	2 loges.	26 août	—	4 loges.	8 janv. 1715	2 loges.
11 février	—	4 loges.	28 août	—	4 loges.	13 janv. —	4 loges.
16 février	—	4 loges.	21 sept.	—	2 loges.	15 janv. —	4 loges.
10 avril	—	2 loges.	9 oct.	—	4 loges.	23 janv. —	4 loges.
15 avril	—	3 loges.	16 oct.	—	4 loges.	30 janv. —	4 loges.
13 août	—	4 loges.	25 oct.	—	4 loges.		

Le total du prix se monte à 4,724 livres.

L'Electeur étant à Compiègne, y faisait venir des musiciens de renom, ainsi Forqueray. — J.-G. Prodhomme, *Les Forqueray* (*Revista musicale italiana*, t. X, fasc. 4 (1903).

III. — L'ÉLECTEUR DE BAVIÈRE

Maximilien-Emmanuel II

(Estampe de Mariette, *Bibl. Nat., Est.* N°).

était entouré d'un important personnel domestique : équipages de vénerie, troupes de musiciens et de comédiens, compagnies de gardes suisses, etc. (1)... Il essayait même d'introduire chez lui une étiquette prétentieuse et de se prévaloir d'un rang qui n'était plus le sien (2). Mais à ses dépenses considérables, il ne subvenait que grâce aux libéralités de Louis XIV et aux emprunts qu'en l'écorchant lui consentaient certains banquiers. Il avait à Paris un « trésorier général » qui recevait les subsides royaux (3), contractait les emprunts et lui tenait compte du tout. Bombarda remplit cet office jusqu'en 1712 et mourut insolvable après s'être livré, sous le couvert de Maximilien, à un agiotage effréné (4). Il fut remplacé par le comte de Monastérol, « homme de plaisir plus que d'affaires... le plus gros joueur, le plus magnifique équipage, la meilleure maison et la table la plus délicate et la plus somptueuse de Paris (5) ».

Les principaux prêteurs de Maximilien furent d'abord le Flamand Van Soest (6), puis les Marcet. Ceux-ci cherchaient à se relever, à ses dépens, de la banqueroute où se débattait une société qu'ils avaient constituée à Genève avec Lullin d'Ardaigny (7).

Telles étaient les circonstances dans lesquelles, le 16 août 1713, l'Electeur empruntait à Marcet le père 500,000 livres, dont 150,000 destinées à acquérir la maison de Mme Ebrard.

Le banquier se flatta d'avoir traité l'affaire avec beaucoup de soin, « pour la faire réussir aux souhaits de S. A. E. ». Le contrat

(1) Dervillé, *ouv. cit.*

(2) *Mémoires de Saint-Simon* (éd. Boislisle), t. XVI, p. 22, et t. XVIII, p. 221 et 227.

(3) Voir, aux Archives nationales, T 153³⁴, de nombreux états des « assignations délivrées au Trésor Royal ». Les cartons T 153³² et suivants renferment des documents nombreux sur le séjour de l'Electeur en France. En majeure partie, ce sont les comptes de liquidation des affaires de Bombarda et de Monastérol.

(4) Un arrêt du Conseil d'Etat du 21 février 1713 nomma une Commission extraordinaire chargée de liquider la succession Bombarda. Les papiers en sont rassemblés aux Archives nationales, T 153³⁴⁻³⁷.

(5) *Journal de Dangeau*. Note de Saint-Simon (éd. Boislisle), t. XVIII, p. 276. Monastérol en usa avec Maximilien-Emmanuel comme avait fait Bombarda. Mais, appelé à Munich en 1718 pour y rendre ses comptes, il se suicida pour échapper à la ruine.

(6) C'était le « pourvoyeur général ». (Arch. nat , T 153³⁴. Requête de Van Soest au Parlement de Paris, du 11 mars 1718.)

(7) Etats des comptes de Marcet, arrêtés à Paris par Cadet et envoyés, après 1715, pour revision à Munich. (Arch. nat., T 153³⁶⁻³⁷.)

fut passé au nom de Marcel, à qui la maison devait servir de sûreté pour son avance ; il ne paya cependant que 90,000 livres à Mme Ebrard, et plus tard, lorsque Maximilien, rentré dans ses Etats, voulut désintéresser ses créanciers, il dut fournir les 60,000 livres qui restaient dues (1).

Le premier séjour de l'Electeur à Saint-Cloud date du 26 septembre 1713. Il fut court. Le prince regagna aussitôt Compiègne. S'étant alors luxé une côte en tombant de cheval, il ne revint à la Cour qu'à la fin de décembre. Encore ne descendit-il pas chez lui, mais à Paris, chez Monastérol. Il y arrive le soir du 18 décembre, va à Versailles voir le Roi le 19, revient à Paris où il reste quelques jours ; « il ne se porte pas bien et voit peu de monde (2) ».

Cependant, on lui aménage la maison de Saint-Cloud. Rien ne le montre mieux que le compte où le tapissier Rossignol énumère les travaux qu'il y exécute sur les indications du célèbre Boffrand (3). Celui-ci est un peu l'architecte de l'Electeur, pour lequel il vient de faire construire aux environs de Namur un pavillon de chasse (4). Le 21 novembre 1713, Rossignol l'amène à Saint-Cloud. Puis, le 12 décembre, deux horlogers installent une pendule dans la chambre de l'Electeur ; le même jour, Rossignol tend « la salle de musique... de tappisserie de brocatelle de soie », met des rideaux aux fenêtres et « fait un cossin de velour bleu pour la grande chaise de commodité de S. A. E., garny de laine et de futaine blanche en dedans ». Le 17, il porte des tableaux, garnit les lits, les portes ; le 28, il tend le salon et la salle à manger « de tapisserie de cuir ». Il amène des meubles (5). Le 27 janvier, tout est prêt, « tant dans la maison de l'Electeur que dans celle de M. de Richebourg et autres dans

----

(1) Etats des comptes de Marcel.

(2) *Journal de Dangeau*, à ces dates.

(3) Arch. nat., T 1533⁴.

(4) Bibl. nat., Estampes. Œuvre de Boffrand. *Maison de chasse à Bouchefort.*

(5) Voici un passage de la note de Rossignol : « Premièrement, dans la garde-robbe de S. A. E., un lit à tombeau de 3 pieds de large, garny de son bois, une paillasse, deux mattelas de laine, un lit de plume blanc et le tour de lit de serge grise, à raison de 15 sols par jour ; fait, par mois, 22 l. 10 s. Dans la chambre après la garde-robe, un lit de quatre pieds garny de sa couchette, 1 paillasse, 1 mattela de laine, 1 couverture de laine blanche et 1 traversin de coustil remply de plume, à raison de 12 sols par jour ; fait, par mois : 18 livres... »

ledit bourg, où sont logés messieurs les cavalliers, officiers de
S. A. E. et suitte de la Cour ».

Ce compte du tapissier est d'autant plus intéressant qu'il cite
la plupart des gens qui habitaient avec Maximilien. Il donne
une idée de la promiscuité dans laquelle vivaient, autour des
princes, les personnages les plus distingués de leur suite.

Voici, sommairement, comment la Cour était répartie :
l'Electeur, avec son personnel domestique, occupait l'ancienne
maison du Pressoir. Dans la maison de la Gâtine logeaient
Vacquière, premier médecin, Stecle, « apothicaire de corps (1) »,
leurs domestiques, les pages, valets des pages, M. du Lac,
M. Thibault et un ouvrier boulanger.

Dans la maison de M. de Richebourg étaient réunis aux deux
premiers étages : le chevalier de Bavière, Mlle de Sephel, la duchesse de Coupigny, le baron et la baronne de Frebert, le comte
Emmanuel d'Antkerque et le baron de Mocandal ; au troisième
étage : Mlle de Coupigny (2) et sa gouvernante, les gens de
Mlle de Sephel, du comte de Tessin, du baron de Mocandal et
du comte d'Antkerque. Un pavillon voisin reçut : le chevalier
de Sentigny, le comte de Sensein, le comte de Tessin, leurs
gens, les garçons de cave du chevalier de Bavière et les laquais
du baron de Frebert. Le « comte de Piansasque (3) » logeait
chez le sieur Thibault.

« M. Vilhesne (4) », secrétaire du cabinet de S. A. E., Knepper,
intendant de sa maison, Torcy, son maître de chapelle, Cavallo,
fourrier de la Cour, Laurent Havelin, la domestique de Mlle de
Montigny et divers cavaliers de la Cour se partageaient d'autres
habitations du village.

De nouveaux personnages survinrent dans la suite. Le 14 juillet 1714, ce furent le comte de Cossé, logé chez le chapelain de
l'Electeur, le comte de Merhoffen, le comte de Preissing, Balus-
trie, Desbars, « homme de chambre de S. A. E. » ; le 28 octobre,

<hr>

(1) « M. Stecle apoticaire » est déjà cité par M. Dervillé au nombre des personnes qui accompagnaient l'Electeur à Compiègne. (*Ouv. cit.*)

(2) M.-M.-Ch. de Velny, princesse de Berghen, chanoinesse de Nivelle, avait
épousé le 9 février 1710, à Compiègne, Douguies, comte de Coupigny. L'Electeur
avait été témoin de ce mariage (Dervillé, *ouv. cit.*)

(3) « J.-J. Baptiste, comte de Pissacque. » (*Id.*)

(4) « F.-L. de Wilhelm. » (*Id.*)

le révérend père Bretagne (1), la femme de chambre de « Mlle de
Roisin » et divers domestiques ; le 13 février 1715, M. Seldner,
et enfin, le 12 mars, le baron de Valaize (2) et les valets de
M. de Monastérol et du comte d'Albert.

L'Electeur ne séjourne longuement à la Cour qu'à partir
d'avril 1714. Le 1er mars, le tapissier enlève de sa chambre la
tapisserie et le lit de verdure, et les remplace par « une tapisserie
et un lit de damas cramoisy que S. A. E. a fait venir de Compiègne ». Le 4 avril, il dégarnit « la table de berland de velours
vert, estant remply de taches de caffé, de chocolat et autres
liqueurs », et fournit « une aulne deux tiers de velours pour le
dessus de la dite table ».

Dangeau et Saint-Simon signalent l'Electeur à la Cour à
partir du 26 avril. Il ne s'en éloigna guère jusqu'à son départ
pour la Bavière, qui eut lieu en mars 1715. L'emploi de son
temps n'offrait pas grande variété : quelques visites au Roi, la
chasse, la promenade avec des princesses de la Cour, le théâtre,
le jeu, souvent la « médianoche » chez son ami d'Antin, le
directeur des Bâtiments, telles sont les occupations saillantes
que notent les auteurs contemporains de Mémoires (3). Presque
régulièrement, à quelque heure de la nuit qu'il terminât le jeu
à Paris, il revenait coucher à Saint-Cloud.

Sa maîtresse en titre, celle qui venait de supplanter Agnès
Le Louchier, depuis comtesse d'Arco, était Mlle de Montigny,
chanoinesse de Mons. Elle l'avait accompagné déjà à Paris lors
du voyage de 1709 (4). Elle habita avec lui à Saint-Cloud, tandis
que « sa domestique » logeait dans le village, chez un parti-
culier (5). Et lorsque, le 28 février, le tapissier prépara le
départ de l'Electeur, emballa son grand lit, avec les tapisseries,
les rideaux des fenêtres, le velours des fauteuils, détendit la
salle de musique, il dégarnit aussi « la chambre de Mlle de
Montigny (6) ».

Il dut bientôt les garnir à nouveau pour un rapide séjour du

(1) « Rd P. de Bretagne, prédicateur. » (Derville, *ouv. cit.*)
(2) « Scipion, baron de Valaize. » (*Id.*)
(3) *Journal de Dangeau* et *Mémoires de Saint-Simon, passim.*
(4) Boislisle, éd. des *Mémoires de Saint-Simon*, t. XVIII, p. 315, note.
(5) Voir page précédente.
(6) Note du tapissier.

prince. Il tendit alors « la chambre de S. A. E. d'une tapisserie de Verdun et le lit de campagne de S. A. E. de damas vert ». La maison compta, quelque temps, un hôte de plus. C'était le comte d'Albert, lieutenant général des troupes de Maximilien. Le prince, qui lui destinait pour épouse Mᶫᶫᵉ de Montigny elle-même, l'emmena peu après à Compiègne. Le mariage y fut célébré et les deux favoris suivirent l'Electeur en Bavière, où d'Albert fut fait prince de Grimberghen et trésorier général en remplacement de Monastérol.

Durant son séjour à Saint-Cloud, l'Electeur cultiva de moins durables amours. Madame, duchesse d'Orléans, sa grand'mère, lui reproche sa passion pour les grisettes. « C'est sa faute, écrit-elle, si on fait en France si peu de cas de lui; il s'est abaissé lui-même au lieu de se placer au niveau qui lui revenait; il s'est contenté de dîner avec les princes et princesses du sang et de les suivre à la chasse; au lieu de rechercher la société des dames de qualité, il s'est entouré de grisettes (1)... Il en faisait si grand cas que, lorsque le Roi donna des noms aux avenues de la forêt, il voulait à toutes forces qu'il y eût l'allée des grisettes, ce que le Roi ne jugea pas à propos. Il a laissé de sa race dans les villages. On m'a montré deux filles qu'il avait laissées enceintes en partant (2)... »

En quelques mois, Maximilien accumula les traités avec les banquiers et les notes de fournisseurs. Ainsi, dans des « besoins pressants », il emprunte une fois 10,000 livres au baron Si-méony; une autre fois, 12,000 livres au banquier Perezot (3). La note du tapissier Rossignol se monte, de septembre 1713

---

(1) *Correspondance*, éd. Brunet, t. I, p. 263.

(2) *Ibid.*, p. 284.

(3) C'est ce que montrent les billets suivants : « Munique, 13 décembre 1716. Cher comte de Monastérol. Comme le baron Marx de Siméony m'a presté en argent comptant dans un besoin pressant pendant mon séjour à Saint-Cloud la somme de dix mille livres de France, dont j'ai encore mon billet daté du 30 avril 1714... je vous fais cette lettre pour vous dire que mon intention est que vous fassiés toutes les diligences nécessaires afin que ce payement lui soit fait au plus tost... » — « Munique, 20 juillet 1717. Cher comte de Monastérol. Je reçois encore de nou-velles représentations du banquier Perezot, au sujet de 12,000 livres de France que je vous ay ordonné de lui payer en espèces sounantes dès le 21 septembre dernier. Comme ce banquier m'a presté ceste somme dans un besoin pressant où je me suis trouvé estant à Saint-Cloud et qu'il y va aussi de la justice et de mon honneur, que l'on ne tarde point à le rembourser, mon intention est que vous le satisfassiés... » (Arch. nat., T 1533ᵛ.)

au 31 mars 1715, à 24,899 livres (1); celle du boucher, entre
le 18 décembre 1713 et le 4 février 1714, à 3,508 livres (2);
celle du joaillier Gérard atteint 64,781 livres (3). Enfin, après
son départ, l'intendant dépense, durant le seul mois de mars,
766 l. 10 s. de fourrage pour les chevaux de chasse et 547 l.
18 s. de pain pour les chiens (4). Par contre, les réparations à
la maison n'atteignent que le chiffre de 49 l. 15 s. en 1714, et
124 l. 15 s. en 1715 (5).

Maximilien-Emmanuel quitta Versailles le 22 mars, pour
regagner ses Etats de Bavière qui lui étaient rendus. Ses adieux
avec le Roi, à ce que dit Dangeau, furent fort tendres. « Le Roi
embrassa l'Electeur à plusieurs reprises, et l'Electeur est toujours de plus en plus charmé du Roi et de toutes les amitiés
qu'il en reçoit. Il ne se cache pas de la peine qu'il a à quitter les
Français et cela diminue fort la joie qu'il a de son rétablis-
sement (6). »

Au 9 avril, la petite maison de Saint-Cloud reçut encore la
visite du tapissier qui mit, à la place du lit de camp, « le grand
lit d'étoffe des Indes avec les rideaux rouges », et dans la salle
de musique « un grand lit impérial à piqûre de Marseille ». Les
documents relatifs à l'Electeur ne la mentionnent dès lors plus.
Maximilien l'avait, en somme, peu occupée. Cela avait suffi
pour qu'il lui laissât, avec son nom, une place dans l'histoire.
On ne la connaîtra, pendant plus d'un siècle, que sous la déno-
mination de *Maison de l'Electeur*.

II. — LE RÉGENT ET Mme D'AVERNE.

1721-1722

Un document des Archives nationales signale, postérieu-
rement à 1713, deux ensaisinements relatifs à la maison de

(1) Arch. nat., T 1533⁴.
(2) *Ibid.*, T 1533⁵.
(3) *Ibid.*, T 1533³.
(4) *Ibid.*, T 1533⁸.
(5) *Ibid.*
(6) *Journal*, p. 368.

l'Electeur. L'un date de 1717, l'autre de 1720 (1). Les actes eux-mêmes, dans leur teneur complète, m'ont échappé. J'ignore quels furent, à ces deux dates, les acquéreurs de la propriété.

Celui de 1720 a bien pu être le Régent. En effet, en 1721, ce prince y installait Mme d'Averne, sa maîtresse. Seulement, leur liaison ne date que de juin 1721. S'il avait acquis la propriété en 1720, ce n'était donc pas expressément pour Mme d'Averne (2). Il se pourrait encore qu'il l'eût simplement louée, en 1721, à l'acquéreur de 1720 (3).

Mme d'Averne était fille d'un conseiller au Parlement, M. de Brégy ; fort belle, à quinze ans elle avait épousé M. d'Averne (4). Selon Mathieu Marais, elle supplanta auprès du Régent Mme de Parabère dès les premiers jours de juin 1721. Le 6, « les articles sont proposés, mais non encore acceptés. C'est mille écus pour elle, une compagnie pour son mari. Tout cela ne la gagne point et elle s'en va à Averne pour l'été. A ce qu'elle dit, c'est un rocher. Mais La Fontaine dit :

> Rocher fût-il, rochers aussi se prennent ».

En effet, la conquête est achevée dès le 10. « La corbeille a été envoyée comme pour une noce. Il y avait des pierreries et de l'argent, et cela a achevé la capitulation (5). »

Ce n'était pas sans frais. « La dame d'Averne avait eu la précaution de se faire assurer un fonds de 22,000 livres de rente avec une maison à Paris, rue de Richelieu, vis-à-vis de la rue Saint-Marc, que le comte de Reynols, colonel suisse, tenait à loyer et qu'il fut obligé de céder avec une autre maison en la même rue... près de la fontaine. Elle se fit donner aussi des habillements superbes et entre autres choses une robe longue enrichie de boutons de diamants estimés seuls 100,000 fr. (6). »

Dans tout cela, il n'est pas question de la maison de Saint-

---

(1) Arch. nat., N³ (S.-et-O.) 420.

(2) Buvat, dans son *Journal de la Régence*, t. II, p. 276, prétend bien que le Régent a « fait acheter et payer la maison » pour Mme d'Averne.

(3) C'est ce que dirait Barbier dans son *Journal* (éd. Villegille), t. I, p. 95.

(4) Capefigue, *Philippe d'Orléans*, t. II, p. 396.

(5) M. Marais, *Journal et Mémoires* (éd. de Lescure), t. II, p. 157-160.

(6) Buvat, *Journal de la Régence* (éd. Campardon), t. II, p. 276. D'après le même auteur, le Régent aurait fait donner à d'Averne le gouvernement de Navarre.

Cloud. Cependant, dès le 30 juillet, le Régent et sa maîtresse y donnaient une fête qui surpassa en éclat celles, si nombreuses, qui se succédaient alors à Saint-Cloud (1). Buvat, Mathieu Marais (2), Barbier, Boisjourdain en ont fait le récit (3). Voici la relation de Buvat :

« Les personnes invitées au repas furent : M. le duc d'Orléans, M. de Vendôme, ci-devant grand prieur de France, le duc de Brancas, le maréchal et la maréchale d'Estrées, Mme de Flavacourt, Mme de Tilly, Mme Du Deffand, le marquis de Biron, le marquis de La Fare, le marquis de Simiane, le comte de Grancey, le comte de Senneterre, le marquis de Lambert, le comte de Milon, le comte de Clermont, M. de Fargis. On disait que Mme la Douairière n'y fut pas oubliée. Après le souper, qui fut des plus somptueux, et où chacun était bien reçu, il y eut un bal où se trouvèrent un très grand nombre de personnes de Paris, en masque, et qui dura jusqu'au lendemain matin. La maison fut illuminée de quatorze mille lampions, ajustés en diverses figures pour donner d'autant plus d'éclat. On assurait que cette fête avait coûté 100,000 écus (4). »

Barbier ajoute ces détails piquants : « Il y avait douze hommes et douze femmes pour le souper, en habit neuf; souper magnifique, grande musique. A dix heures, on illumina tout le parc de la maison avec des lampions et des terrines attachées aux arbres. A minuit un quart, on tira un feu d'artifice sur l'eau, qui fut beau et bien exécuté, malgré une petite pluie. J'ai vu cette fête,

(1) « ...Saint-Cloud, palais d'ivresse, car les fêtes se succédaient pour Mme d'Averne, les bals, les feux d'artifice sur l'eau... » (Capefigue, *ouv. cit.*, t. II, p. 397.)

(2) « Le Régent, écrit-il, a donné une fête magnifique dans la maison de Saint-Cloud qui était autrefois à l'Electeur de Bavière. »

(3) Mathieu Marais (*Journal*, I, 181) la place au 20 juillet; Barbier et Buvat au 30. M. de Lescure, dans son étude sur les *Maîtresses du Régent*, en parle à la date du 21 août, tout en citant un extrait de Boisjourdain (*Mélanges historiques*, I, 208) qui est, en fait, daté du 28 juillet. La date du 30 juillet est celle à laquelle s'est arrêté M. le comte Fleury dans son remarquable ouvrage sur le *Palais de Saint-Cloud*, p. 78-79.

(4) Boisjourdain prétend qu'à chaque fusée le public s'écriait : « Voilà une action des Indes qui part », et que chaque lampion devait être allumé avec un billet de banque. M. de Lescure cite le quatrain suivant, composé à la même occasion (*Les Maîtresses du Régent*, p. 367) :

> Chez les Caligula, chez les Trimalcions,
> Avec soin on cachait les forfaits et les crimes.
> Philippe plus hardi, suivant d'autres maximes,
> Fait briller pour les siens dix mille lampions.

IV. — LE RÉGENT

(Gravé par Chéreau d'ap. Santerre, *Bibl. Nat., Est. N°*).

et c'était superbe de voir un parc tout en feu. Tout Saint-Cloud,
Boulogne et le bord de l'eau, de côté et d'autre, étaient remplis
de carrosses avec des flambeaux, ce qui faisait un fort bel effet.
Il y avait un monde épouvantable, de manière qu'hier matin les
paysans de ce pays-là sont venus au Palais Royal par députés,
au nombre de dix, présenter un placet, attendu que les blés et
les vignes ont été très endommagés par la foule.

« Malgré cet empressement du public pour voir cette fête, il
n'y avait personne qui n'en fût indigné et chacun aurait moins
plaint ses pas, à ce qu'on disait hautement, si le tonnerre avait
voulu s'en mêler. Effectivement, est-il rien de plus contraire à la
religion que de faire ainsi triompher l'adultère et le vice publi-
quement, contraire aussi à l'humanité de faire des fêtes dans ce
temps où tout le monde est ruiné, où personne n'a un sou?... Le
roi de la fête ne s'est attiré que des malédictions, même de la
part des gens de sa maison. Au surplus, l'objet ne mérite pas
d'être si fort éclairé, car cela n'est pas joli; cela a trop de gorge
et pendante, est fort noir de corps et n'a de l'éclat que par du
blanc et du rouge (1). »

S'il faut en croire le *Recueil* de Maurepas, Voltaire lui-même
aurait eu quelque part à la fête, composant des vers qui
accompagnèrent un ceinturon destiné par Mme d'Averne à son
amant.

> Que ne puis-je
>   — y disait-elle —
>   obtenir des dieux
> La ceinture qui rend si belle,
> Pour l'être toujours à vos yeux (2)!

Elle ne l'obtint pas. La fidélité n'était ni de son fait, ni du fait de
son amant. Déjà, pendant l'hiver de 1722-1723, Mathieu Marais
constate que « Mme d'Averne est toujours en voyage et s'ennuie
à Versailles, où il n'y a ni spectacle, ni Cour, et où on est si fort
en vue qu'elle ne peut tromper son amant (3) ».

Le 23 mars, les actions de Mme de Prie « haussent ». A la fin
de juillet, le duc d'Orléans promène bien encore chaque semaine

(1) *Journal de Barbier* (éd. Villegille), t. I, p. 95.
(2) Lescure, *ouv. cit.*
(3) M. Marais, *ouv. cit.*, t. II, p. 268.

2

Mme d'Averne aux Tuileries. Mais, le 10 novembre, la séparation est accomplie.

Que ce fût comme locataire ou comme propriétaire, Mme d'Averne habita quelque temps encore la maison de Saint-Cloud. La *Vie privée du maréchal de Richelieu* (1) prétend que celui-ci y fut attiré. « Mme d'Averne avoit été prise et délaissée : le Régent, qui en avoit été amoureux, lui donnoit 3,000 livres par mois, seulement pour sa table ; le reste de sa dépense étoit proportionné. Elle menoit le plus grand train... Mais, malgré tous les plaisirs dont elle s'efforça d'environner le duc de Richelieu, elle ne put l'enchaîner qu'un instant. En vain, Mme Daverne se servit du prétexte d'une fête qu'elle rendit à Mme la maréchale d'Estrées qui lui en avoit donné une à Issy, pour ramener son infidèle ; elle l'invita à se rendre à Saint-Cloud où l'illumination la plus brillante, le bal le mieux choisi, un feu d'artifice sur l'eau l'attendoient. Elle eut grand soin de lui dire que tous ces préparatifs étoient pour lui, que ne pouvant l'avoir, elle avoit saisi l'occasion de rendre à Mme d'Estrées ce qu'elle en avoit reçu, mais que l'intention étoit pour l'amant qu'elle ne pouvoit s'empêcher d'aimer et dont elle vouloit célébrer le retour.

« Richelieu promit beaucoup, jouit de tout en héros de la fête et, loin de tenir parole à Mme Daverne, chercha tous les moyens de plaire à Mme de Marchó, dame d'honneur de Mme la duchesse de Berry (2). »

Ce document, dont plus d'un détail au moins ne mérite qu'une créance fort limitée, est le dernier que je connaisse relativement au séjour de Mme d'Averne dans la maison de l'Electeur. L'habita-t-elle longtemps encore? Je ne retrouve trace de la demeure qu'en 1737. A cette époque, la liste, déjà citée, des insinuations m'apprend qu'elle est entrée dans le domaine du prince de Carignan.

_____

(1) Paris, 1791, t. I, p. 97.

(2) A l'appui de cette relation, le duc, dans ses *Mémoires*, transcrit le billet d'invitation de Mme d'Averne : « Quoi que vous ne méritiez pas qu'on s'occupe de vous... je veux bien vous prouver que je suis une de celles qui ne peuvent s'empêcher de penser à vous. Je donne demain une fête à Saint-Cloud et il n'en est pas de bonne pour moi quand je n'ai pas le plaisir de vous y voir. Adieu! je compte sur vous! » — Et le duc fait ajouter, avec sa fatuité coutumière: « La curiosité me conduisit le lendemain chez Mme Daverne et elle fut très satisfaite. »

III. — LES CARIGNAN.

1737-1749

Victor-Amédée de Savoie, prince de Carignan, premier prince du sang de la maison de Savoie (1), avait épousé une bâtarde que le roi de Sardaigne avait eue de la princesse de Verrue. Saint-Simon a fait, en traits mordants, le portrait de ce couple, qui vint s'installer en France « comme en lieu de conquête assurée ».

« L'obscurité du mary et l'intrigue prodigieuse de la femme, les trésors qu'elle tire sans cesse à touttes mains, les dissipations qu'ils en font, les cris des créanciers pour le moins inutiles, un crédit que rien n'émousse, qui se mesle de tout et dont tout montre le danger et l'abus sans mesure, les fait régner parmy les cris publics... Rien de sy abandonné aux comédiennes que le mary, rien de si dévoué à la dévotion que la femme (2), qui communie sans cesse et en courant la poste et qui prend de touttes mains. Ils se sont saisis de l'Opéra qui tombe tous les jours sous leur entreprise et tirent un revenu immense d'un jeu public qui est un coupe-gorge (3)... »

Bien que la mort de la vieille princesse de Carignan, arrivée le 30 juin 1692, eût laissé leurs affaires très embrouillées, les Carignan ne manquaient pas de revenus. Le prince avait été gratifié, le 9 mai 1721, d'une pension de 160,000 livres avec le titre de lieutenant des armées du Roi; il y avait ajouté le revenu considérable du régiment royal italien (4), la banque de Law lui avait versé 150,000 livres pour l'indemniser de la place qu'elle

---

(1) Ce prince est un ancêtre du roi actuel d'Italie, par Charles-Emmanuel de Savoie-Carignan, dont le fils Charles-Albert régna de 1798 à 1849, remplacé successivement par Victor-Emmanuel II (1849-1878), Humbert Ier (1878-1900), Victor-Emmanuel III.

(2) On l'appelait « la fausse prude ». (*Journal de Barbier*, II, 139.)

(3) Voir *Mémoires de Saint-Simon* (éd. Boislisle), t. XVII, p. 351, 352; (éd. Chéruel), t. XVII, p. 126-127, et *Ecrits inédits* (éd. Feugère), t. XII, p. 266-268.

(4) Bibl. nat., Imprimés, Fm 2786 (Au Roy. Sire, Nicolas Godefroy... et autres créanciers du prince de Carignan... — Factum. Paris, d'Houry, 1729, in-f°, 8 p.) et Fm 2792 (Mémoire pour le directeur des créanciers du feu prince de Carignan contre Mme la princesse de Carignan. Paris, Paulus-du-Mesnil, 1744, in-f°, 52 p.).

occupait dans son hôtel de Soissons (1). Mais tout cela, avec bien d'autres profits qu'il tirait de l'Opéra (2), du jeu (3), etc., était englouti dans une effroyable dissipation. Le 28 février 1729, un procès-verbal de liquidation de ses dettes les évaluait à 5,355,455 l. 12 s. (4). Le Roi chargea une commission extraordinaire de les régler (5). Mais la princesse de Carignan veillait (6). Elle obtint du cardinal Fleury une série de surséances, et c'est seulement le 19 avril 1739 qu'un arrêt du Conseil d'Etat ordonna la vente de l'hôtel de Soissons (7). L'exécution en avait été retardée, lorsque le prince vint à mourir, en avril 1741.

Il laissait exactement 6,272,850 l. 5 d. de dettes. Ses créanciers, au nombre de quatre cent soixante-cinq, constituèrent une société qui entra aussitôt en procès avec la princesse et avec son fils Louis-Victor, revenu de Turin où il avait été élevé et marié par le roi de Sardaigne (8).

Les biens du défunt furent saisis et liquidés, et parmi eux l'ancienne maison de l'Electeur venue entre ses mains, je ne sais comment. Les criées en furent publiées en juin 1744. La propriété consistait « en trois corps de logis, fief, chapelle, bâtimens, jardins, bois, préz, vignes et héritage, circonstances et dépendances ». En voici le détail :

« Premièrement une grande maison, au village de Saint-Cloud, consistant en trois corps de logis, donnant de toutes parts sur le terrain clos cy-après désigné, à l'exception du premier desdits corps de bâtimens dont l'un des murs de pignon porte sur le mur de clôture du côté de la ruelle Faydau. Ledit premier corps de bâtimens étant à droite de la porte cochère faisant l'entrée de ladite maison et quy donne sur la rue du Calvaire, près ladite ruelle Faydau, formant une grande écurie de soixante chevaux, grands greniers au-dessus; ledit bastiment couvert d'ardoises à

---

(1) *Journal de Barbier*, t. I, p. 45; *Mémoires du duc de Luynes* (éd. Dussieux), t. IX, p. 511-512; Bibl. nat., Impr., Lb³⁸ 166 (vue de l'hôtel transformé en banque).

(2) *Journal de Barbier*, t. I, p. 303; t. II, p. 49, note 2.

(3) *Id.*, t. II, p. 290-291, et *Journal du marquis d'Argenson*, t. II, p. 93.

(4) Bibl. nat., Impr., Fm 2792.

(5) Les papiers en sont réunis aux Archives nationales, V⁷ 120.

(6) Barbier donne une idée de son crédit à propos de l'affaire Amb. Guys (*Journal*, t. IV, p. 111).

(7) *Journal de Barbier*, t. I, p. 443, et *Journal d'Argenson*, t. II, p. 203.

(8) Arch. nat., V⁷ 119.

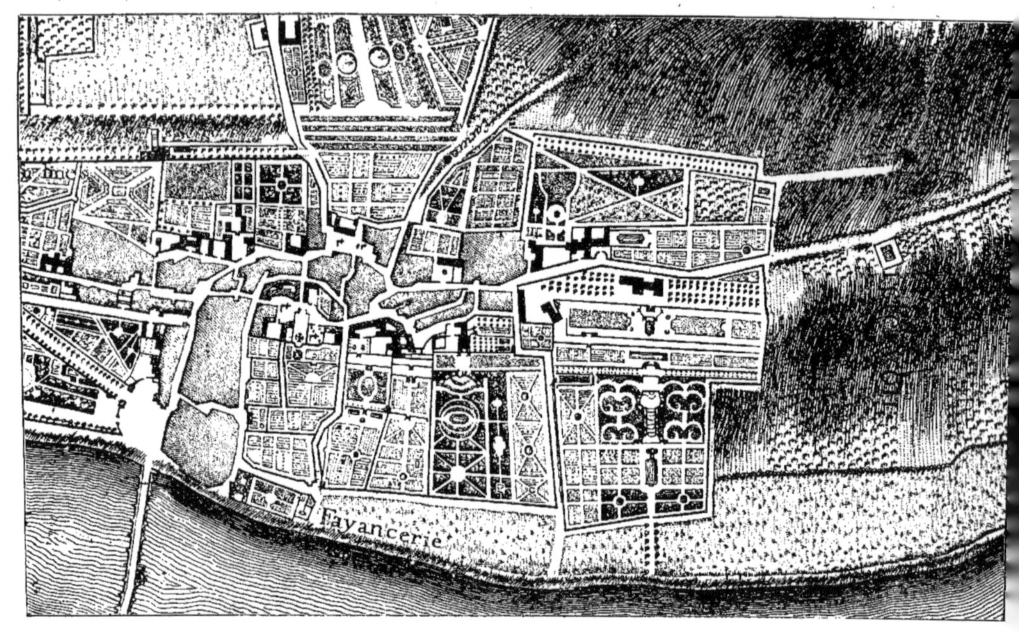

Maison de l'Electeur.

V. — Fragment du plan de Saint-Cloud, par l'abbé de la Grive (1740).

l'exception de la partie du costé de ladite porte cochère dont la couverture n'est point finie.

« Le second corps de bâtimens à quelque distance du précédent dont il est séparé par un espace de terrain actuellement couvert d'herbe, disposé en forme de basse-court, est un gros pavillon nommé le fief de la Gastine, concistant en deux écuries, une remise, une cuisine servant à l'usage du concierge et une chambre de jardinier ; au-dessus un appartement de cinq pièces de plein-pied d'un costé du paillier, deux chambres et deux cabinets de l'autre costé dudit paillier, chambres et greniers au-dessus, cave au-dessous et deux petits caveaux, escalier pour monter auxdits appartemens, le tout couvert d'ardoise.

« Le troisième corps de bâtimens, à quelque distance du précédent, en face de ladite porte cochère et entièrement sur la gauche, est un grand corps de logis s'estendant le long d'une longue terrasse, faisant face par devant à ladite terrasse, ou jardin, et à la rivière de Seine qui est au-dessous, tenant à un espace de terrain vague estant entre ledit corps de logis et le mur de clôture dudit lieu, du costé de la rue du Calvaire ; ledit corps de logis, consistant en un vestibule qui en fait l'entrée du costé de la terrasse, à droite dudit vestibule une salle à manger et un grand sallon ; ensuitte à gauche deux petits salons, un office, une cuisine et un garde-manger ; au fond d'ycelle quatre petites chambres au-dessus de ladite cuisine auxquelles on monte par un petit escalier estant dans ladite cuisine. Au premier étage en montant par le grand escalier qui est dans ledit vestibule, à gauche une petite anti-chambre, deux chambres ensuitte, l'une et l'autre avec un petit cabinet de toilette et une garde-robbe, le tout parquetté ; à droite deux grandes chambres, une autre petite et un cabinet, lesdites pièces parquettées, à l'exception de la première desdites deux grandes chambres et de la petite dont le parquet est levé. Au second, à gauche en montant par ledit grand escalier un petit corridor dans lequel sont : une grande pièce, un cabinet ensuite de ladite pièce, le tout parqueté, deux autres petites chambres à droite, dans un autre corridor, trois grandes chambres et un cabinet ; au-dessus du grand escallier une chapelle parquetée et boisée tout autour, en face de ladite chapelle une terrasse couverte de plomb avec un balcon de fer et couvrant le comble des vestibules, un petit escalier pour monter au troisième étage, à droite un coridor dans lequel sont quatre chambres et un cabinet, à gauche un autre coridor dans lequel sont deux chambres et trois cabinets, le tout couvert d'ardoise.

« Plus vingt-cinq arpens, ou environ, de terre étant autour desdits bâtimens et en descendant du costé de la rivière étant tant en terrasses, parterre, avenues et allées, que pâturages et bois de haute futaye et dans lesquels il y a aussi plusieurs bassins d'eaüe et une suite de cascades en face dudit troisième corps de logis, descendant à une grille de fer, laquelle ferme une porte qui donne sur une petite allée de marronniers conduisant à la rivière de Seine.

« Lesdits bâtimens et lieux cy-dessus désignés de la contenance de vingt-cinq arpens ou environ, enfermés dans des murs de clôture (1)... »

L'adjudication n'eut point lieu aussitôt. Dès la criée, il se produisit une série d'oppositions. Le 15 mai 1747, un arrêt de la troisième chambre des enquêtes du Parlement constate que « la maison de Saint-Cloud ne rapporte aucun proffit, qu'elle n'est point louée et que l'on est obligé d'entretenir un concierge et un jardinier (2) ».

En juin 1747, une nouvelle affiche (3) annonçait une seconde mise en adjudication qui, renvoyée encore de trimestre en trimestre, n'aboutit que le 5 mai 1749. Le fermier général Chalut de Vérins acquérait la propriété moyennant 32,100 livres (4). C'était le cinquième de ce que, trente-cinq ans auparavant, l'Electeur la payait, et 4,000 livres de moins que ce que, en 1675, Bernard des Rieux l'avait achetée au marquis de Nérestan.

---

(1) Arch. nat., Reg. des saisies réelles, X^{1A} 9126, f° 608 ; « apporté le 18 juin 1744 ». Sur le tableau de Ch.-L. Grevenbrock représentant *Le Vieux Pont de Sèvres et le Village de Saint-Cloud* (Musée Carnavalet), et exécuté en 1738, on distingue en haut du coteau, à droite, un vaste corps de logis qui correspond sans doute à l'ancienne maison de l'Electeur.

(2) Arch. nat., X^{1B} 7938.

(3) C'est le seul document que l'abbé Lebeuf, dans son *Histoire ecclésiastique du diocèse de Paris*, cite sur le fief de la Gâtine (t. III, p. 37).

(4) Je dois la communication de l'note de cette acquisition à l'amabilité de Me Plocque ; c'est par-devant son prédécesseur, Me Bronod, qu'il fut passé le 16 mai 1749.

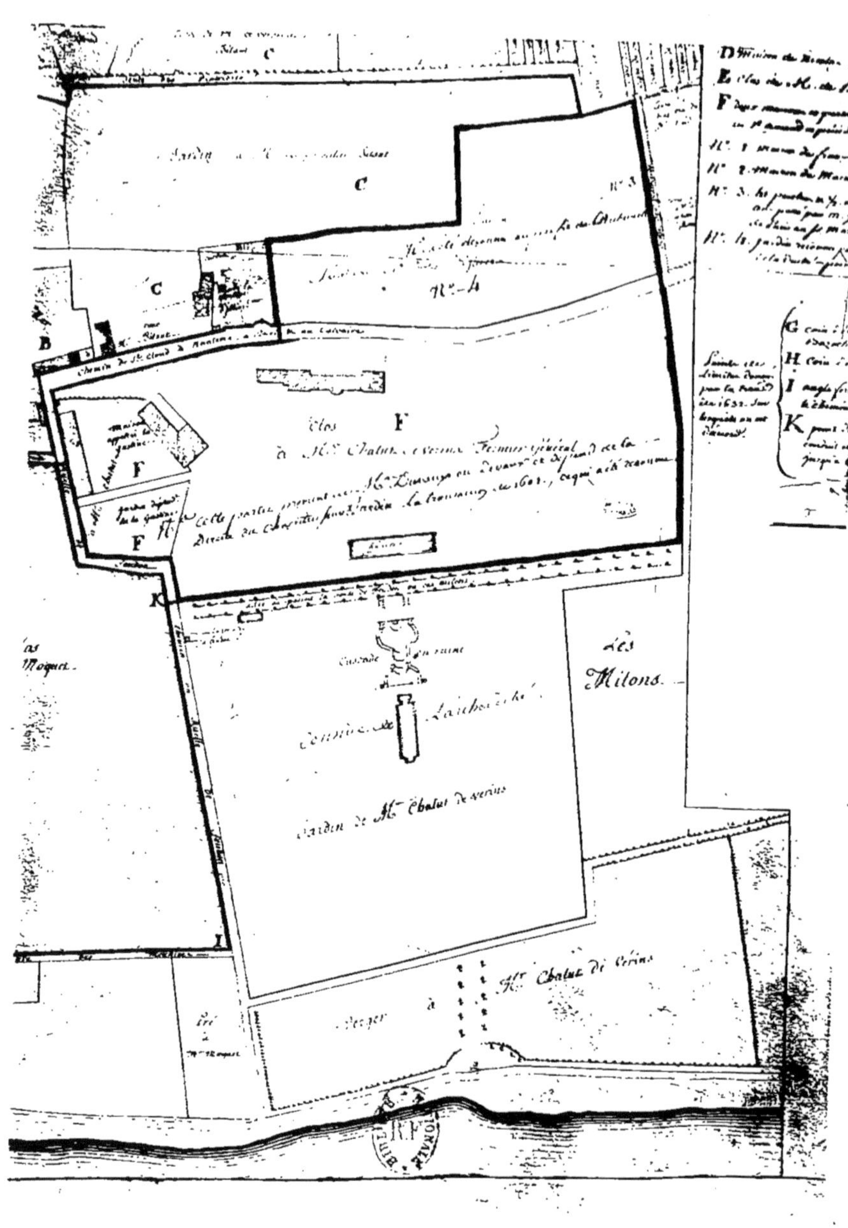

VI. — Fragment du plan de la censive du chapitre de Saint-Cloud (1768).

(*Arch. Nat.*, N III (*S. et O.*) 420 et N IV 217, *f.* 2).

IV. — Chalut de Vérins.

1749-1786

Chalut de Vérins, ancien trésorier du maréchal de Maillebois, puis de la dauphine Marie-Josèphe de Saxe, devait une grande partie de sa fortune à sa femme, Victorine Varauchon. Celle-ci, qu'il avait épousée en 1751, était elle-même femme de chambre de la Dauphine, qui l'aimait beaucoup, et lui obtint pour Chalut, en 1754, une charge de fermier général (1).

N'ayant pas d'enfants, ils adoptèrent, le 30 août 1776, Marie-Catherine Desrochers, fille naturelle, déposée à l'hospice des Enfants-Trouvés. Ils lui constituèrent une rente annuelle (2), l'élevèrent, et en 1785 — l'enfant avait seize ans — la marièrent à Nicolas Deville, secrétaire du Roi, successeur désigné à la charge de Chalut et son légataire universel (3).

Le plus considérable des biens que Chalut léguait à ce gendre d'adoption était la propriété de Saint-Cloud. Dès 1750, il avait acquis en effet, morceau par morceau, les terres, vignes, prés qui entouraient l'ancienne maison de l'Electeur et plusieurs immeubles dans le village (4).

Quant à la maison, il dut la faire entièrement restaurer ou réédifier. Le nouvel immeuble faisant face à la Seine, en domi-

---

(1) Tous ces renseignements sont empruntés au recueil manuscrit, très abondant et très utile, où M. le marquis de Caraman a rassemblé un nombre considérable de notes biographiques et généalogiques sur les fermiers généraux. (Bibl. nat., ms. fr. 10533.)

Bachaumont affirme que Marmontel fut l'amant de la « Grosse Chalut »; les *Mémoires* de Marmontel la qualifient « une femme excellente, de peu d'esprit, mais d'un grand sens et d'une douceur, d'une égalité d'humeur, d'une vérité de caractère inestimables ». (*Œuvres complètes*, Paris, 1818, in-8°, t. I, p. 283-285.)

(2) Arch. nat , T 1618, doss. 127. Analyse du contrat passé par-devant le curé d'Auteuil.

(3) D'après les conventions civiles du mariage, arrêtées le 28 novembre 1785 en présence de Calonne et du comte de Vergus, Deville apportait pour sa part 200,000 livres et sa fiancée 312,000 livres de capital — données par Chalut, — plus 73 l. 4 s. de rente perpétuelle, 600 livres de rente viagère, 4 billets de la loterie royale de 600 livres et 3 de 400 livres. (Arch. nat., T 1618, doss. 127.)

(4) En 1750, il achète 23 pièces de terre pour 4,290 livres; en 1751, 2 pièces pour 242 livres; en 1752, 21 pièces pour 4,379 livres, etc... (Voir la liste complète : Arch. nat., T 1618, doss. 127.)

naît l'immense vallée. Devant descendaient en terrasses, jusqu'au bord du fleuve, des jardins dessinés dans le goût du siècle précédent, avec bassins, jets d'eau et cascades; tout en bas s'étendait un parc anglais, dans le goût nouveau. Des allées de grands arbres ombrageaient la terrasse supérieure.

L'édifice, très vaste, se composait d'une partie centrale rectangulaire, flanquée à chaque extrémité d'une aile à peine saillante et ornée au milieu d'un avant-corps à trois pans très élégant, soutenant lui-même une terrasse à balustres que dominait un fronton triangulaire.

Le dispositif original de cet avant-corps, la forme cintrée et les moulures arrondies des ouvertures, la décoration des angles et du soubassement par des bossages à profondes rainures horizontales, le style des ornements, le caractère des profils, la composition enfin de l'entablement orné de triglyphes, tout indique une construction assez avancée dans le xviiie siècle (1). Toutefois, la façade ne présente pas de ces éléments grecs qui furent tant en honneur à l'extrême fin du même siècle.

Or, il existe, pour cette époque, deux états détaillés de la distribution intérieure de la maison. Autant qu'on en peut juger par les ruines encore debout, l'état de 1786 (2), seul, correspond à la distribution actuelle, et non l'état de 1744 (3). Si l'on ajoute à cela que le plan de la censive du chapitre dressé en 1768 donne pour la *Maison de l'Electeur* un croquis sommaire répondant bien à son plan actuel (4), il paraîtra très probable que cette maison fut réédifiée entre 1744 — ou plutôt 1749 — et 1768. C'est une probabilité qui se confirme encore de ce fait que Chalut de Vérins dépensa un million et demi à la réfection de ses immeubles de Saint-Cloud, et plus particulièrement de la maison de l'Electeur (5).

---

(1) Je dois la plupart de ces remarques à M. Louis Gonse, qui a bien voulu relire cette étude sur le manuscrit et m'aider de ses précieux conseils. C'est lui aussi qui m'a fait noter que l'avant-corps saillant, isolé à l'intérieur et couvert en terrasse, ne pouvait être que la chapelle du château; on voit d'ailleurs très nettement encore dans les baies arrondies la rainure et les crampons destinés à maintenir les vitraux.

(2) Voir page 41, note 1.

(3) Voir pages 20-24.

(4) Voir figure VI.

(5) Voir page 32.

Quel en fut l'architecte ?

Je souhaite qu'un chercheur plus heureux, ou plus adroit, réponde un jour d'une façon précise à cette question qui m'a fait dépouiller sans résultat maint et maint album du Cabinet des Estampes.

Tout au plus me permettrai-je de supposer que cet architecte fut, sinon Charles-Etienne Brizeux lui-même, du moins un artiste qui le touchait de très près. J'ai relevé, parmi les hôtels qu'il a édifiés et dont il nous a laissé les plans et élévations, plusieurs façades ressemblant beaucoup à la façade de la maison de Chalut de Vérins (1). Pour l'un d'eux, qui est l'édifice si gracieux que fit construire Daugny dans l'ancienne rue Neuve-Batelière, et qui sert aujourd'hui de mairie au IX⁰ arrondissement, ce n'est pas seulement une des façades, mais encore la disposition intérieure du rez-de-chaussée qui rappelle la distribution de cette maison (2). Ce fait, s'il est loin d'établir une certitude, permet du moins d'émettre une hypothèse que les concordances de dates rendent fort plausible (3).

Ce fut Chalut de Vérins encore, sans doute, qui fit élever un pavillon rustique au bas des terrasses, dans le jardin anglais, près d'une grotte, et dont le fronton s'ornait du buste et du nom du poète Delille (4).

Dans la demeure de Saint-Cloud, vers 1785, un neveu de Chalut lui joua une comédie renouvelée de Regnard, au dénouement près, que les *Nouvelles à la main* rapportèrent de la sorte (5) :

---

(1) Ainsi dans l'*Art de bâtir les maisons de campagne*. Paris, 1743, in-4°; t. I, pl. 80 (p. 114), pl. 121 (p. 143), pl. 122 (p. 144), et t. II, pl. 149 (p. 15).

(2) *Traité du beau essentiel dans les arts appliqués particulièrement à l'architecture*. Paris, 1752, 2 vol. in-f°, t. II.

(3) Brizeux est mort en 1754.

(4) On sait combien le culte de ce poète fut vif quelques années avant la Révolution. Il est probable que Delille fréquenta la maison de Saint-Cloud. En tout cas, il ne mentionne ni Chalut, ni Deville parmi les destinataires de ses poèmes sur *les Jardins*.

(5) La citation a déjà été faite par Thirion (*Vie privée des financiers au* XVIII⁰ *siècle*. Paris, 1895, p. 469). *La Chronique scandaleuse* rapporte inexactement la supercherie. D'après elle, en effet, Dejean eût été présent à l'ouverture du testament, falsifié par lui avant la mort de Chalut. Or, Chalut ne mourut qu'en 1788, et à cette date Dejean était sous les verrous depuis le 27 mars 1785, comme le montrent les manuscrits de l'Arsenal cités à la note suivante.

« M. Dejean (de Mainville) est un petit-maître, un agréable
débauché, de ceux qu'on trouve aujourd'hui beaucoup parmi
nos jeunes gens. Il est abîmé de dettes et, ne sachant de quel
bois faire flèches en attendant les bienfaits de deux oncles, fermiers généraux, qu'il a, il s'est imaginé de jouer une farce dont
il a trouvé le modèle dans le *Légataire universel.*

« M. de Chalut, un de ses oncles, a une campagne à Saint-
Cloud, limitrophe de Suresnes. Pendant la mauvaise saison, où
son oncle n'y va point, M. Dejean ayant arrangé sa comédie avec
des libertins comme lui, chacun fait son rôle, les uns de domestiques, les autres de médecins, de gardes-malades ; un plus hardi,
celui du malade même, qui avait fait venir des notaires de Paris
par l'entremise de son neveu. Ces messieurs arrivés, il dicte un
testament par lequel il laissait 200,000 livres à M. Dejean. Il déclara ne pouvoir signer. Le neveu régala magnifiquement les
officiers de justice suivant les ordres de son oncle et l'on se sé-
para fort contents.

« Quelques jours après, M. Dejean, pressé, fut chez le premier notaire qui devait être dépositaire du testament lui em-
prunter une somme à compter sur les 200,000 livres dont il ne
pouvait ignorer que son oncle, qui allait de plus en plus mal, le
faisait légataire. Le notaire, amorcé par le gros intérêt que le
jeune homme lui offrit, lui prêta la somme ; au bout de quelque
temps, ne voyant pas mourir l'oncle, il s'impatiente, il s'informe
de la demeure de M. de Chalut et va le trouver. Celui-ci ne sait
pas ce que cela veut dire, lui déclare qu'il se porte à merveille
depuis longtemps. Embarras de ces deux hommes qui ne s'en-
tendent point ; le notaire proteste à M. de Chalut qu'il a reçu son
testament avec un de ses confrères, qui l'a chez lui. Il lui en dé-
taille toutes les circonstances. Bref, l'on s'explique et l'on finit
par reconnaître la fourberie de M. Dejean. »

Le beau neveu fut envoyé à la Bastille — où il avait eu l'occasion déjà de faire un séjour — et n'en sortit qu'au début de
l'année 1789 (1).

---

(1) Les archives de l'Arsenal renferment tout un dossier sur ce prisonnier qui
portait à la Bastille le nom de Villeman. (Mss. 12454 et 12517.) Le *Voyage à la
Bastille fait le 16 juillet* 1789... de Michel de Cubières (Paris, Garnery et Volland,
1789, in-8°, 48 p.) met dans la bouche du « chevalier de Mainville » un assez long
panégyrique du gouverneur de Losne.

V. — LA COMTESSE D'ARTOIS.

1786-1789

En 1786, Chalut louait la maison de Saint-Cloud à la comtesse d'Artois.

Cette princesse a laissé peu de traces dans l'histoire. Les Mémoires du temps la mentionnent à peine; les pamphlets la négligent. Mariée au frère cadet du Roi, le 16 novembre 1773, elle ne joua à la Cour aucun rôle important. Elle était par la reine Marie-Antoinette reléguée, en compagnie de la comtesse de Provence, dans une obscurité d'où elle ne pouvait guère espérer que son esprit et sa beauté la feraient sortir (1). Le comte d'Artois se montrait lui-même beaucoup plus empressé auprès de Marie-Antoinette qu'auprès de sa femme, bien qu'il traitât toujours celle-ci avec bonté. La comtesse, douce, timide, tranquille, continuellement souffrante, goûtait peu les plaisirs et les intrigues d'un monde où son mari remportait contre elle des avantages dont elle ne tirait point vengeance. La solitude de la petite maison de Saint-Cloud devait répondre à ses goûts.

D'ailleurs, la mode alors recherchait des demeures de ce genre. « Le goût des cascades et des statues était passé... On ne se croyait plus chez soi que dans des demeures plus simples, embellies par des jardins anglais; on y jouissait mieux des beautés de la nature (2). » Les sœurs du Roi habitaient Bellevue; la comtesse de Provence, Montreuil; Monsieur, Brunoy; la comtesse d'Artois, d'abord, Bagatelle.

Le Roi s'étant installé à Bellevue, ses sœurs occupèrent la Muette et la Reine s'en vint à Saint-Cloud. C'est alors que la comtesse d'Artois se décida pour la maison de Chalut.

Malheureusement, les finances du comte étaient dans un état déplorable. Il ne se contentait pas d'épuiser ses revenus en

---

(1) *Correspondance secrète sur Louis XVI*, publiée par M. de Lescure, t. I, p. 339; *Mémoires de Montbarrey* (1826), t. II, p. 223; *Souvenirs de d'Hézecques* (1895), p. 62-64; *Vie privée de Charles X*. Paris, 1825, in-8º, p. 8. — Le Cabinet des Estampes (Nº Artois), à la Bibliothèque nat., renferme de nombreux portraits de la princesse.

(2) *Mémoires de Mᵐᵉ Campan*, t. I, p. 227.

plaisirs dispendieux, allant jusqu'à perdre 2 millions au jeu (1) ; il s'offrait de ruineux caprices, comme d'élever Bagatelle en quelques semaines ; si bien que le Roi, en fin de compte, devait couvrir la plus grosse part de ses dettes (2).

Dans ces conjonctures, l'installation de Marie-Thérèse, la comtesse, à Saint-Cloud devait nécessiter de longs pourparlers. L'homme de confiance qu'elle avait chargé de réaliser son désir était Bourboulon, son intendant. Celui-ci ne pouvait prendre aucune décision sans en référer au trésorier du comte, M. de Verdun, qui habitait alors Champigneulle ; il en résulta une correspondance, conservée aux Archives nationales et dont l'intérêt est des plus piquants (3).

« M. le baron de Breteuil, écrivait Bourboulon le 2 août 1786, informé que Madame comtesse d'Artois [est] entourmentée d'avoir un pied-à-terre à Saint-Cloud, lui a fait proposer la maison de Sèvres qui appartient à la Reine, comme dépendante du parc, et dont M. et Mme de Brosseur ont la jouissance leur vie durant par brevet de M. le duc d'Orléans. G'y suis allé hier. En vérité, elle n'est point agréable... Il est vrai qu'elle ne coûteroit pas grand'chose... Dans le compte que je lui en ai rendu sans la dégoûter, je ne lui ai que fait valoir la convenance de tenir au parc de la Reine.

« Si M. de Chalut vouloit louer à vie la grande maison de Saint-Cloud, cela seroit moins cher et plus convenable. J'ai réellement pitié de la vie ennuyeuse que mène notre Princesse. Elle est la seule qui n'aye pas un petit coin pour diriger sa promenade. Aussi reste-t-elle toujours comme en prison à Versailles. Il faut convenir qu'elle est devenue bien raisonnable et que son dévouement aux volontés de Monseigneur et, l'on peut dire, de son administration mérite quelque chose.

« Elle m'a parlé hier de Saint-Cloud, mais je lui ai objecté la cherté de la demande de M. de Chalut et elle s'est résignée... »

---

(1) *Correspondance secrète*, t. II, p. 185 (24 septembre 1787). La comtesse elle-même perdit un jour 25,000 écus. (*Id.*, t. I, p. 130.)

(2) Bibl. nat., Imp. Le²³ 948 et Lf¹⁵ 9. — Le 18 septembre 1783, on exposait au Roi que les dettes du comte étaient alors *réduites* à 14,600,000 livres d'exigibles, 74,640 livres d'intérêts de rentes constituées et 908,700 livres de rentes viagères.

(3) Arch. nat., R¹ 379. — Je suis heureux de pouvoir remercier ici M. Schmidt, archiviste aux Archives nationales, qui a bien voulu me signaler cette correspondance.

La comtesse se résigne, mais n'abandonne pas le projet. Elle écrit de sa main à M. de Verdun le billet suivant :

« Monsieur, vous connaissés le désir et le besoin que j'ai d'une maison de campagne où je puisse prendre l'air et me procurer quelques distractions. Je compte assez sur votre zèle et votre attachement pour estre sûre que vous vous préterés à l'arrangement que me propose M. de Chalut et dont M. Bourboulon doit vous rendre compte. Vous connaissés mon estime pour vous. Je suis charmée d'avoir l'occasion de vous la renouveller.

« Ce 6 aoust 1786.

« MARIE-THÉRÈSE. »

Voici l'exposé de Bourboulon :

« Paris, ce 7 août 1787.

« Monsieur,

« En vous faisant part, le 2 de ce mois, de la démarche que j'avois faite à Sèvres pour la maison proposée par M. le baron de Breteuil et du regret que j'avois pour celle de M. de Chalut, je ne croyois pas avoir à vous en entretenir si promptement. Jusque-là, il ne m'étoit pas venu dans l'idée que M. de Chalut voulût louer; je savois qu'il vouloit vendre à un prix fou... Je me suis décidé à aller voir M. de Chalut... Je ne trouvai que son homme d'affaires à qui je fis part de l'objet de ma démarche. Il me laissa entrevoir que M. de Chalut ne s'éloigneroit pas de faire un *bail à la vie* et me promit de lui en parler le soir même...

« Le jeudi 3, je me rendis à 8 heures du matin chez M. de Chalut. Il commença par m'étaler son empressement, son dévouement pour Monsieur et Madame comtesse d'Artois; ses maisons, toutes ses possessions étoient à leurs ordres, plutôt aujourd'hui que demain. En même temps, il me présenta un état de leurs revenus et rapports que je joins icy (1).

____

(1) Cet état estime le revenu total à 40,930 livres par an. De plus, « il a été offert plusieurs fois du loyer du fief de la Gâtine 3,000 livres », et « si l'on vouloit louer aussi la maison qui étoit la demeure de l'Électeur de Bavière (il en résulte qu'on évalue le loyer de cette maison à 9,000 livres environ), on pourroit encore en tirer un très gros loyer. Ainsi que le tout iroit bien à environ 50,000 livres, sans les meubles.

« On ne parle point ici du mobilier des différentes maisons. Il est très considé-

« Je le ramenai enfin à ma proposition. Il me répondit qu'il ne vouloit point faire de *bail à vie*, mais qu'il loueroit volontiers et me remit la petite note qu'il avoit préparée à ce sujet (1).

« Je lui observai que je ne croyois point qu'une location à terme pût et dût convenir, mais en tout cas je voulus savoir quel seroit le prix du loyer. Je ne pus obtenir son mot. Il s'en remit toujours aux Prince et Princesse. Je terminai en lui disant que je verrois sur cela son homme d'affaires.

« Effectivement, rentré chez moi, je fis prier M. Desjardins d'y passer. Il avoit vu M. de Chalut dans l'intervalle. Je lui renouvellai mes instances pour un *bail à vie*. Nous convînmes qu'il me feroit part par écrit des dernières intentions de M. de Chalut à cet égard. Quant au prix du loyer, il me dit que M. de Chalut seroit satisfait à 12,000 livres par année.

« A trois heures après-midy, je reçois de M. Desjardins le billet cy-joint (2).

« Il insiste sur le désir qu'avoit M. de Chalut que ses meubles et tableaux fissent partie du loyer, parce que je lui avois observé qu'on n'y étoit pas attaché.

« Je me rendis le soir même à Versailles et je fis part à Madame comtesse d'Artois de ce qui s'étoit passé. Je ne puis vous peindre la joye qu'elle eut de pouvoir espérer le succès de cette négociation.

« Je convins avec elle qu'elle en écriroit à la Reine pour avoir son agrément et demander celui de Monseigneur. Je lui remis à cet effet une note conforme au billet de M. Desjardins et à la conférence que nous avons eue.

« Le samedy, je reçus le billet de Mme de Rocquemont (3) :

rable en tous genres. Sans doute, la famille royale n'en peut faire usage pour Elle-même ; mais étant dans le cas de loger les Grands officiers, les dames, leurs femmes de chambre et leur suite, ne convient-il pas que les appartemens restent meublés, afin qu'il en soit usé à Saint-Cloud comme à Marly et à la Muette où l'on est logé et meublé ? Le propriétaire a dépensé, indépendamment du mobilier, plus de 1,500 mille livres en ornemens, en reconstructions, en remuement et transport de terres et en échanges ; il désire donc que tout soit englobé dans le marché. »

(1) Par cette note, datée du 6 août 1786, Chalut de Vérins consent à faire un bail pour neuf ans, moyennant 18,000 livres par an, à la réserve pour lui et son « adjoint » Deville de pouvoir entrer dans la maison et le jardin comme s'ils en étaient concierges.

(2) Ce billet manque au dossier.

(3) Elle était femme de chambre de la comtesse.

VII. — MARIE-THÉRÈSE, Comtesse d'Artois

(Gravure de Sechling, d'après un tableau du Musée de Versailles,
Bibl. Nat., Est. N°).

« *Tout va au mieux possible, mon cher camarade; Madame*
« *comtesse d'Artois m'ordonne de vous mender que la Reine a*
« *eu la bontés de parler à Monseigneur qui luy a dit qu'il vous*
« *parleroit de cela demain ainsy qu'à M. de Verdun et que sy*
« *cela pouvoit l'arengé, qui seroit fort aise de faire quelque*
« *choses qui put faire plaisir à Madame comtesse d'Artois. Elle*
« *me charge de vous mender de parler aujourd'huy à M. de*
« *Chalut et de venir demain matin pour arenger tout cela. Re-*
« *cevés, mon cher camarade, l'assurance de mon sincère atta-*
« *chement.*

« *Ce samedy à 5 heures et demie.*

« *Mme de Montbel vous prie de la venire voir demain matin.* »

« Hier dimanche, avant d'aller à Versailles, je crus à propos
d'aller chercher M. de Chalut à Saint-Cloud. Il devoit aussi se
rendre à Versailles pour cette affaire. Point du tout. Je le
trouvai dans son lit, retenu, soit disant, par des eaux qu'il avoit
prises. Son secrétaire m'annonça quelques variations. Je vois
M. de Chalut, il commence par me dire que le bail à vie ne nous
convenoit point, qu'il n'étoit pas de notre intérêt de ne le faire
que pour une portion, etc...

« Il faut observer qu'il est convaincu que le Roy et la Reyne
en sont fous et qu'ils ne peuvent pas tenir à avoir une terrasse
pareille à la sienne, surtout quand il aura réuni toutes les maisons de la côte. Il ne lui en manque plus qu'une. Il prétend que
M. de Paulmy, qui, quoique chancelier de la Reyne, n'y a pas
la moindre influence, l'assure des dispositions de leurs Majestés
et qu'il en retireroit un million sans les meubles. Ce qu'il y a
eu de pis pour nous, c'est que le jeudy, 3 du courant, M. le baron
de Breteuil s'est avisé de venir voir la maison et les tableaux de
M. de Chalut. Il en a conclud qu'on a sûrement des vues sur son
objet. C'est ce qu'il m'a avancé avec une confiance véritablement
risible.

« Il a fallu venir à conclure qu'il ne vouloit point faire de bail,
mais seulement un bail à loyer. Je lui ai demandé son dernier
mot sur le prix. Après les grimaces ordinaires de désintéres-
sement et de résignation qu'il a fallu essuyer, je lui ai observé
que son homme d'affaires m'avoit dit qu'il seroit content à
12,000 livres. Il m'a expliqué sur-le-champ que c'eût été bon
sans les meubles. Je lui ai dit que dans son état de revenu il a

porté la Gâtine pour 3,000 livres et la maison de l'Electeur pour
9,000 livres. Ce qui faisoit les 12,000 livres. Et il m'a encore
répondu que c'étoit sans les meubles. Enfin, d'encore en encore,
il m'a accouché de 18,000 livres.

« Arrivé à Versailles, je vis Madame comtesse d'Artois. Elle
me dit que Monseigneur avoit accueilli sa demande de la manière la plus agréable. Je lui fis part des variantes. Elle en fut
effrayée. Elle me dit que Monseigneur devoit m'en parler. Au
lever, Monseigneur me dit de me trouver chez lui à une heure
et demie. Je m'y rendis.

« C'est pour vous parler, me dit-il, de la maison de M. de
« Chalut. C'est bien cher à 12,000 livres. — C'étoit hier 12,000 li-
« vres, mais aujourd'hui il s'agit de 18,000 livres. » Monseigneur se récria : « *C'est donc un juif*, etc. » Je fis part à Monseigneur de tout ce qui s'étoit passé. Il finit par me dire : « Voyez-le,
« offrez-lui 50 louis par mois, et nous verrons ensuite. »

« Après le dîner, je suis reparti pour Saint-Cloud ; mais ma
proposition n'a pas été accueillie, et je m'y attendois bien. Je suis
revenu en faire part à Madame comtesse d'Artois, qui étoit
dans les alarmes. Elle me chargea de dire à Monseigneur qu'elle
prendroit les 3,000 livres sur ses menus plaisirs.

« Je retournai à Monseigneur... Il ne fut pas plus content que
de raison. Il me dit cependant : « Il n'y a qu'à terminer, écri-
« vez-en à M. de Verdun... »

En marge de cette longue lettre, M. de Verdun a écrit plusieurs observations. Par exemple :

« Cet arrangement se faisant de l'agrément de la Reine et
pour suppléer, pour ainsi dire, au logement qu'elle devoit nous
donner au château, nous avons l'espoir d'en obtenir quelque dé-
dommagement, ne seroit-ce qu'un supplément de cassette pour
la Princesse, à l'effet de subvenir aux dépenses d'entretien de son
jardin...

« Sur cet article (le dernier), Madame comtesse d'Artois m'a
bien répété qu'elle vous donneroit la preuve de la plus complète
économie. Elle ne veut qu'un simple concierge et un frotteur.
Quand elle ira y passer la journée, elle portera sa cantine. Pendant les voyages de la Reine, elle n'y tiendra point de maison.
Pour les dépenses d'entretien, elle vous demandera une somme
fixe à laquelle elle se bornera exactement.

« Il n'en résultera pas moins une augmentation de dépense annuelle. Mais, en vérité, elle n'est pas mal placée, car c'est une pitié que de voir Madame comtesse d'Artois seule, abandonnée à Versailles, livrée à l'ennuy et aux dégoûts. Depuis longtemps elle se conduit d'une manière édifiante (1). Sa discrétion, sa résignation méritent confiance et intérêt. Elle n'a pas d'autre volonté que celle de Monseigneur et je pourrois ajouter : que la vôtre. Ainsi en montant les choses sur un ton de simplicité, nous ne devons pas craindre d'être entraînés au delà d'un but raisonnable.

« ... Madame comtesse d'Artois ne penseroit pas à y coucher cette année; ainsi vous ordonneriez à votre aise la disposition des logements. »

L'affaire semble donc décidée, dans l'entourage du comte, le 16 août. A cette date, M. de Verdun écrit à Bourboulon :

« Champigneulle, 16 août 1786.

« ... Madame comtesse d'Artois, ayant besoin pour sa santé de prendre l'air de la campagne et d'avoir un objet de promenade

(1) Ce passage, ainsi que la fin de la lettre du 2 août 1786, laissent supposer que la comtesse, s'abandonnant à l'entraînement général, avait été engagée au moins une fois dans quelque amoureuse aventure. C'est ce que confirment les *Mémoires de la comtesse de Boyne* (Plon et Nourrit, 1907, in-8°), t. I, p. 36, et le passage suivant d'une plaquette intitulée : LES ADIEUX DE MADAME COMTESSE D'ARTOIS A LA NATION, publiée à Paris, chez Pain, et portant à la Bibliothèque nationale, Imp., la cote Lb[39] 1992 :

« ... Un Dieu, jaloux du bonheur que je m'étois promis, vint bientôt glacer du souffle de l'indifférence le cœur de mon époux; en vain ma tendresse cherchat-elle à le rappeler, sa légèreté et le goût des plaisirs bruyants et illégitimes lui firent toujours dédaigner les plaisirs permis et paisibles qu'il sembloit que mes avances dussent encore rendre moins piquants.

« Ainsi abandonnée, telle qu'une tendre fleur qui a perdu la main chérie et vigilante qui la cultivoit languit au milieu d'un parterre brillant, je périssois... Je combattis longtemps; mais enfin, sans cesse provoquée par le spectacle continuel d'une *Cour vive et folâtre*, qui ne respiroit que la joie et les plaisirs, jouissant d'une dangereuse liberté, j'oubliai *la pratique des sévères vertus* dont la Cour de mon père *m'avoit donné l'exemple*. Que je payai cher ce court moment d'erreur! Le choix que j'avois fait ne tarda pas à être découvert, et la calomnie mêlant ses poisons aux rapports déjà exagérés de la médisance, on fit à moi seule un crime irrémissible d'une faute que l'on se *permettoit sans pudeur* et dans laquelle on avoit tout fait pour me voir tomber.

« Adieu France!... Adieu nation chérie!... Adieu Paris!...

« La voix du devoir qui ne fut jamais entièrement étouffée dans mon cœur m'appelle auprès d'un *malheureux époux* à qui ses passions, fomentées et nourries par de perfides et lâches favoris, ont fait perdre le *bien précieux de notre amour;* mes soins ne doivent plus avoir d'autre objet que de chercher à lui faire supporter ce malheur avec courage, en partageant le *chagrin* avec lui. »

et de dissipation, aucun local ne pouvoit mieux luy convenir que Saint-Cloud, puisque, indépendamment du site et de la salubrité de l'air qui procureront à sa santé tout le bien qu'elle peut en désirer, elle se trouvera pendant les voyages de Saint-Cloud à portée du Roy, de la Reine et de la famille royale, dont elle ne veut ni ne doit s'écarter. Il faut donc proffiter de l'occasion qui se présente de louer la maison de M. de Chalut, quoique le prix de 18,000 livres me paroisse trop cher, du tiers au moins... Vous pouvez faire rédiger de suite le bail à loyer de cette maison pour neuf années. Me Grivau le fera signer à M. de Chalut et me l'enverra icy pour le signer également, au moyen de quoi ce sera une affaire terminée. »

En même temps, M. de Verdun répondait à la lettre de la comtesse du 6 août :

« 16 aoust 1786.

« J'ay l'honneur de me conformer aux ordres que Madame a bien voulu me donner par la lettre qu'elle m'a fait l'honneur de m'écrire. En conséquence, je prie par ce courrier M. Bourboulon de terminer en mon absence pour la maison de Saint-Cloud... Je supplie seulement Madame d'observer que ce loyer étant très cher et que cet établissement devant encore supporter des frais de concierge, de portier et de jardinier, de plus occasionner des dépenses extraordinaires de voyage et de séjour, il est très essentiel que Madame n'écoute aucune des propositions qui luy seront faites pour des créations de places. »

Dans une nouvelle lettre du 18 août, le trésorier du comte exprime les mêmes craintes à l'intendant de la comtesse. Il redoute que celle-ci ne se laisse entraîner aux dépenses : « Il faut que le bail soit fait au nom de Monseigneur, afin que les femmes qui entourent Madame comtesse d'Artois n'en prennent pas droit pour se faire faire des sorts particuliers à raison de prétendus détails dans la maison que l'on ne cesseroit de multiplier...

« Ce n'est pas moins, malgré toute la simplicité et l'économie qu'on pourra y apporter, une augmentation de dépenses de plus de 50 mille livres tant en loyers que gages et frais que ce nouvel établissement occasionnera. Mais la santé et le bonheur de Madame comtesse d'Artois y étant intéressés, il ne faut pas balancer et il faudroit tâcher de retirer cette dépense sur le régime de l'écurie.

« Il paroît que M. de Chalut espère tirer pour ses héritiers, c'est-à-dire pour Madame Deville, un grand parti de la situation de sa maison... Je n'ay pas de peine à croire qu'il y ait dépensé deux millions; mais sur quoy asseoit-il 50,000 livres de revenus en défalquant 7,000 livres de fruits et de légumes, 6,000 livres pour la tonte de ses charmilles, de ses arbres et de ses gazons, 6 autres mille livres en vin et grains, qui sont plus qu'absorbés par les frais de jardiniers et de culture? Je ne vois guère d'autres produits réels que les locations de ses 9 maisons qui puissent représenter un capital d'environ 500,000 livres, lequel encore se réduiroit peut-être à 300,000 livres pour la grande maison d'habitation et le fief de la Gâtine, car si cet objet en propriété pouvoit convenir, il seroit non seulement très inutile, mais même très onéreux d'avoir tout ce qui est extérieur. Je doute que le Roy fasse les différentes acquisitions qui se trouvent dans un endroit opposé au château et que le village même en sépare. »

C'est à quoi Bourboulon répond :

« Paris, ce 21 août 1786.

« Monsieur,

« Je reçus hier soir votre réponse sur l'affaire de Saint-Cloud. J'avois laissé à Versailles une princesse fort inquiète de votre silence. Empressé de lui procurer une bonne nuit, je repartis sur-le-champ et la trouvai avant son coucher. Il seroit difficile de vous peindre sa joye et de vous exprimer les bénédictions qu'elle vous a données. A la lecture de votre feuille, elle a appuyé sur toutes les représentations économiques que vous luy avez faites, et pour commencer à y répondre, elle m'a dit qu'elle renonceroit à faire le voyage de Louvois, qui lui coûteroit au moins 6,000 livres.

« Monseigneur a ri beaucoup du contenu de votre feuille.

« ... D'après votre proposition, [Madame la Comtesse] s'en tient à un concierge, un frotteur et un jardinier. Elle a commencé par répondre à votre vœu à mon égard en me nommant pour suivre les détails de son nouvel établissement, ce qu'elle appelle ses *Etats*.

« Pour concierge, je lui avois fait jetter les yeux sur Dubois, son sommelier, mais il a préféré rester à Versailles... Il a fallu me décider à lui faire le sacrifice d'un homme qui est depuis 12 ans mon maître Jacques...

« Mme de Monbel a proposé... un frotteur... Je l'examinerai bien. Pour jardinier, il convient de garder dans ce moment celui de M. de Chalut. Il y a aussi 3 garçons ou 4 fixes. Et, ce qui est énorme, c'est qu'il employe pendant l'été 14 hommes de journées. Quand nous serons en possession, j'examinerai de près si l'ouvrage nécessite autant de monde. Je ne le crois pas.

« Je crois qu'on peut annoncer au frotteur le même traitement qu'à celui de Saint-Germain, qui a de gages . . . . 500 liv.
et pour bois et lumière. . . . . 116 liv.
                                                            616 liv.

« Quant au concierge et jardinier, vous déterminerez à votre retour ce que vous jugerez convenable.

« Faudra-t-il habiller le maître jardinier et les garçons fixes? Madame les habille à Montreuil, le maître en galon d'argent et les garçons en petit galon de soye.

« Je crains bien que nous ne puissions nous dispenser d'un suisse à la porte d'entrée.

« Il y a à présent une femme de basse-cour pour les vaches, M. de Chalut en a huit. Madame désire en conserver deux et Madame Elisabeth lui en donne deux. Cela lui en fera quatre... La fille de basse-cour ne doit pas être un objet cher, mais il me semble qu'il pourroit être imposé au jardinier qui a femme et enfant.

« ... Je vous assure que les maudits tableaux qui nous restent me tracassent beaucoup. C'est une véritable charge que de les avoir en garde, surtout pour les médaillons, mais je les ferai clouer de manière qu'on ne puisse pas les voler facilement.

« ... Madame compte aller dîner quelquefois à Saint-Cloud avant son départ pour Fontainebleau, mais ce sera toujours avec une simple cantine... »

Le bail fut enfin conclu, le 22 août 1786. Geoffroy Chalut de Vérins, écuyer, lecteur honoraire du Roi, l'un des fermiers généraux de Sa Majesté, demeurant à Paris, place Vendôme (1),

____

(1) Cet hôtel fut loué par Deville successivement : le premier étage, le 20 no-

consentait à louer pour neuf années consécutives, à courir du
1ᵉʳ septembre suivant, à « Monseigneur comte d'Artois, fils de
France, frère du Roi, et Madame comtesse d'Artois », repré-
sentés par M. de Verdun, la maison de l'Electeur et celle de
la Gâtine, avec toutes leurs dépendances, meubles, tableaux,
ustensiles, etc..., moyennant 18,000 livres par an, à raison de
1,500 livres par mois (1).

M. de Verdun reçut à cette occasion, de la princesse, le billet
suivant :

« Monsieur, je vous ai bien recconnu à l'empressement que
vous avez mis à terminer le marché de Saint-Cloud. Quoique je
n'en douttasse pas, je veux vous en témoigner toute ma satis-
faction ; je serai fort aise quand je pourai vous le dire moi-même
et vous renouveller tout l'estime que j'ai pour vous.

« MARIE-THÉRÈSE. »

« J'apprends la mort de Monier, mari d'une de mes femmes.
Je vous prie de vous occuper de son sort. Elle désireroit qu'on
conservât à ses enfants la place aux écuries. C'est la seule fortune qu'ils ayent. »

Le reste de la correspondance entre Verdun et Bourboulon
est consacré au règlement de détails domestiques.

« Répétés souvent à cette princesse, écrit Verdun, le 27 août,
ce que j'ay eu quelquefois l'honneur de luy dire, que le seul
moyen de pouvoir multiplier ses jouissances personnelles est de
se refuser à toutes les demandes des personnes qui l'entourent,
et que n'étant point en état de fournir aux deux objets, il est plus
juste et plus naturel qu'elle donne la préférence aux choses
qu'elle désire par elle-même lorsqu'elles doivent contribuer à
sa santé et à son bonheur.

« ... Il me semble qu'en donnant 1,000 livres au jardinier,
1,800 livres pour l'entretien des quatre garçons pendant toute
l'année et 600 livres pour ustensiles, grains et fumiers, mille
écus doivent suffire pour l'entretien de ce jardin... Mon potager
de Colombes a 6 arpens et 4,000 arbres fruitiers ; le parterre et

vembre 1791, et le rez-de-chaussée, le 20 mai 1793, pour servir aux bureaux de la
Guerre. (Arch. nat., T 1618, doss. 127.)

(1) Archives départementales de Seine-et-Oise, A 1468.

le bois en ont autant. Je donne à mon jardinier 1,500 livres pour luy et deux de ses enfants qui ont la même force et la même intelligence ; je leur paye pendant six mois deux ouvriers extraordinaires ; six chevaux et huit vaches fournissent le fumier ; je paye 400 livres environ d'ustensiles, de graines et arbres, etc... Le tout me revient à 2,400 livres, et mon ménage est fourni de légumes et de fruits pendant toute l'année.

« Je regarde donc ces cent louis comme frais nécessaires pour le jardin de M. de Chalut qui me paroît n'être que de la même grandeur que le mien. Ajoutés 600 livres de plus, et l'habillement du maître-jardinier avec un surtout au premier garçon, et je crois que ce sera traitter l'affaire en prince.

« La femme du jardinier doit être chargée des vaches qu'elle nourrira avec les herbes du jardin...

« Il me paroît difficile de ne pas habiller le jardinier et le premier garçon ; mais on peut s'en dispenser pour les autres.

« Ne seroit-il pas possible de faire entendre à M. de Chalut d'ôter de Saint-Cloud tous les petits tableaux et de les remplacer par de plus grands ? Ce ne seroit pour luy qu'un échange, puisque sa maison de Paris en est remplie. »

Enfin, la comtesse peut passer une journée dans sa nouvelle demeure. Ce furent des instants de bien innocente distraction, si l'on en croit Bourboulon, qui écrivait le 2 septembre :

« Madame la comtesse d'Artois y a dîné aujourd'hui et j'y couche. J'ai grand plaisir à vous y consacrer ma première soirée.

« La princesse y a mené deux dames. Elles ont eu un dîner très frugal. Il avoit été préparé à Versailles. Un cuisinier et un homme de gobelet sont venus le disposer. La desserte a servi à les nourrir avec le concierge, après m'avoir donné à dîner.

« Les valets de pied demandoient à être nourris et me citoient Madame. J'ai rejetté l'exemple et la demande.

« Un télescope, la pêche à la ligne dans le bassin, la promenade, un travail de broderie ont rempli la journée de la princesse jusqu'à huit heures et demie.

« Ce ton de simplicité et d'économie lui plaît beaucoup, et je ne prévois pas qu'elle soit jamais disposée à s'en écarter. J'y ferai de mon mieux...

« L'état des meubles est dressé... On a pris le prix à chaque
chose, de manière que, s'il s'en perdoit, il n'y auroit point de
contestation. Je fais mettre des numéros à chaque objet, afin
que, s'ils sont transportés d'une pièce à une autre, on puisse les
suivre et les reconnoître. Quand le double de cet état sera fait,
je le ferai signer par M. de Chalut. M. de Chalut a fait mettre
des numéros sur tous les tableaux. J'en constaterai le nombre
au pied de l'état des meubles sans aucune désignation, de manière que nous ne répondions jamais que de la quantité et qu'il
n'y aura jamais de discussion pour la qualité et la valeur. »

La comtesse insistait pour avoir un suisse. M. de Verdun s'y
refusa et en écrivit malicieusement à Bourboulon :

« C'est en vérité moins par économie que j'ai conseillé de ne
pas prendre de suisse, que pour ne pas donner à cet établissement un air d'apparat qui finiroit sûrement par nuire à l'objet
que Madame comtesse d'Artois a eu en vue en désirant cette
maison. Son but a été d'y venir chercher le plus souvent possible
la retraite et la liberté. Si la livrée gagne une fois ce séjour, les
valets qui ne la portent pas et qui le sont plus que les autres s'y
introduiront, et Madame comtesse d'Artois finiroit par y être
plus entourée et moins heureuse qu'à Versailles. »

La maison de l'Electeur était fort vaste et abondamment
meublée (1). L'inventaire qui accompagnait le bail ne portait
pas sur les tableaux, que Chalut prétendait être si remarquables.
Il renfermait l'état succinct des objets qui ornaient le jardin :
2 *Bacchus* et 1 *Enlèvement de Proserpine*, en pierre de Tonnerre ; 18 figures de terre cuite de 4 à 5 pieds de haut, et 24 de
3 pieds 1/2 ; 23 bustes, dont 2 de marbre ; 9 groupes d'enfants
en terre cuite ; 2 autres « avec lyon, aigue et dauphins » ;

(1) D'après l'inventaire de 1786, voici quelle était la distribution du logis :
Rez-de-chaussée : une cuisine, l'office ensuite, le garde-manger à côté, un autre
office ; l'antichambre ; une galerie à l'entrée, faisant passage pour aller aux appartements, la salle à manger ensuite, une seconde galerie de l'autre côté de l'escalier, un salon de campagne, un cabinet de bains à côté de la galerie et, à côté du
cabinet, une petite chambre à coucher. — *Premier étage :* un corridor, une antichambre ensuite, une chambre à droite, un petit tambour à côté, une petite
galerie conduisant de l'antichambre à la chambre à coucher, cette chambre, un
petit cabinet à sa droite, une petite pièce à l'entresol, un autre petit cabinet, une
petite pièce ensuite, une seconde, un petit cabinet en retour, un second ensuite ;
un salon octogone ayant entrée par l'antichambre du premier étage, un passage
ensuite, une chambre à coucher, une seconde, un boudoir ; une garde-robe y

« 6 lions, 2 amours dessus et 1 chien en terre cuite » ; 500 vases et corbeilles de marbre, terre cuite et faïence, tout cela assez mutilé.

La comtesse mena à Saint-Cloud une vie fort discrète. En septembre 1786, désirant y passer l'hiver, elle ne demanda de réparations que pour ses appartements et ceux de sa femme de chambre. « Elle désire, écrivait Bourboulon :

« 1° Qu'on fasse blanchir le sallon du rez-de-chaussée ; il est à présent d'un vert fort sombre ;

« 2° Qu'on blanchisse aussi sa chambre à coucher et son boudoir ;

« 3° Qu'on mette des verres de Bohême dans le sallon du rez-de-chaussée, sa chambre à coucher et son boudoir. Il en a été mis l'année dernière dans la chambre à coucher qu'elle occupoit, le grand appartement qu'elle a choisi pour elle étant du côté opposé ; sa chambre à coucher va former le pendant de l'ancienne et mettre en cela de la cimétrie dans l'extérieur du château ;

« 4° Qu'on lui fasse une cheminée dans son boudoir ; elle a observé qu'en y venant en tous tems, c'est le seul endroit où elle se tiendra dans l'arrière-saison ou dans la primeur. Heureusement, cette cheminée peut être faite dans le milieu d'une croisée qui est bouchée, et le tuyau montera extérieurement comme ceux des cheminées qui furent faites l'année dernière pour les cuisines.

« Il y a une porte à ouvrir sur la cour pour l'appartement de la première femme de chambre qui est au-dessus du sien, un faux plancher à faire pour éviter l'humidité...

« La Princesse désire que son boudoir soit tendu en toile de

attenant, une autre petite pièce. — *Second étage* : un vestibule, un corridor faisant galerie, un petit cabinet au fond, un salon, une chambre à coucher, une garde-robe à côté, une chambre ayant issue par un escalier dérobé, une garde-robe à côté, deux petits cabinets au-dessus avec entrée par l'escalier dérobé, un petit appartement sur le même palier, un petit cabinet ayant entrée par le corridor de la chapelle, à gauche ; un corridor en face de la chapelle, une chambre donnant sur le corridor, un cabinet de toilette à côté, une petite garde-robe près de l'alcôve. — *Troisième étage* : petite chambre où l'on arrive par l'escalier dérobé, chambre au fond du corridor à gauche, garde-meuble, chambre ensuite, vestibule de la chapelle, chapelle. — Suit la description des appartements de la maison de la Gâtine. Les meubles sont tous décrits avec soin, même les plus intimes. Le total en est estimé à 33,836 livres.

Jouy... Pour le meuble, elle n'a besoin que d'un sopha et trois
chaises. Elle a commandé un secrétaire en bois d'acajou et deux
petites tables pareilles.

« La Princesse désire aussi pour son coucher le lit jaune
qu'elle eut l'année dernière, et la tenture pareille. »

Pendant le cours du même hiver, l'intendant constatait que la
maison contenait beaucoup plus de meubles qu'il n'en fallait
pour la suite de la princesse, et que toute l'occupation du garçon
du château se réduisait à les placer dans les divers logements.

Le séjour de Marie-Thérèse n'en nécessita pas moins des frais
assez considérables d'entretien qui sont résumés dans les notes
de fournisseurs suivantes :

« Tableau indicatif des ouvrages faits à la maison de Madame
comtesse d'Artois à Saint-Cloud, années 1786 et 1787 :

« Fontaine de Villermains : terrassements.	5821.13 s. 4 d.	
— — maçonnerie. .	60	10
« Verger — terrassements.	2.052	5 11
« Cours et chemins (terrasses, maçonnerie, charpente, serrurerie, peinture, pavés)	5.495	4 6
« Jardins (plomberie, menuiserie, vitrerie, treillagerie)	6.689	18 3
« Serre chaude.	2.076	18 8
« Maison de l'Electeur et de la Gâtine. .	35.820	7
« Meubles.	11.916	5 9
« Bouche (service, maçonnerie, plomberie, poëllerie)	4.656	5 8
« Ecuries	966	19 8
« Au total.	70.317 l. 8 s. 9 d. »	

Les *Mémoires* de d'Hézecques donnent à penser que la comtesse d'Artois fit à Saint-Cloud de fréquents séjours. Elle y reçut
même, peut-on croire, Monsieur, duc d'Orléans, et Madame (1).
Elle ne devait pas y remplir son bail. Le 18 juillet 1789, le comte

(1) C'est ce qui ressortirait du passage suivant des *Souvenirs de Moreau* (l'his-
toriographe), publiés par Camille Hermelin ; Paris, in-8°, 1898-1901 : « Lié avec
l'écuyer (de Monsieur), je profitais, pour lui faire ma cour, de ses voyages à Saint-

d'Artois quittait la France, et, le 6 septembre, la comtesse l'allait
rejoindre à Turin.

Reçue là par son frère, perdit-elle tout à fait l'espoir de re-
venir dans sa chère maison? Les *Lettres secrètes*, à la date du
16 décembre, annoncent bien que sa santé se trouvant altérée,
« elle demande à rentrer en France et l'on croit qu'elle ne tardera
pas à venir occuper la maison qu'elle a achetée (*sic*) à Saint-
Cloud ». Mais cela eût été difficile, le bail étant alors résilié.

Elle avait laissé à Saint-Cloud neuf serviteurs, sous la di-
rection de Jubault, garde-meuble du comte. Celui-ci, dès le
1ᵉʳ septembre, lui avait présenté le mémoire suivant :

« Madame voudroit-elle bien daigner accorder au sieur Jubault, inspecteur de la Maison de Saint-Cloud, la permission
de lui présenter les personnes attachées à son service, et s'il
arrivoit que cette maison fût rendue à M. Deville, propriétaire,
que le sieur Jubault fût autorisé par Madame de rendre les services que pourront solliciter neuf personnes qui sont au moment
de perdre leur état, et surtout d'épouser le malheur de ne plus
appartenir à Madame.

« Si Madame vouloit lui accorder une modique pension ou
une somme une fois payée, ils en seroient éternellement recon-
naissants (1). »

Ces neuf serviteurs étaient aux gages totaux de 5,900 livres.
La requête étant demeurée sans résultat, Jubault la renouvela
auprès de la commission chargée de reviser le budget du comte
d'Artois:

« Madame comtesse d'Artois m'a ordonné de m'occuper pour
l'avenir du sort de ces neuf personnes, et que ses intentions
(qu'elle a confirmées à M. le Surintendant avant son départ
pour Turin) étoient de leur accorder une année de gages *à
compter du 1ᵉʳ octobre prochain.*

« J'ai l'honneur d'en faire la demande à Messieurs du Comité,
afin de pouvoir éconduire de la maison ces neuf personnes au

Cloud, où le Roi était souvent et où Monsieur et Madame logeaient dans une
maison appartenant autrefois au fermier général Chalut. »

Or, il ne s'agit point ici du comte d'Artois, mais bien du comte de Provence,
que l'auteur désigne d'ailleurs par le nom de Louis XVIII.

(1) Arch. nat., R¹ 379.

1er octobre. Il sera nécessaire de les surveiller pour qu'ils ne laissent aucune dette dans le village de Saint-Cloud et qu'en suitte je puisse remettre les clefs au propriétaire.

« JUBAULT (1). »

La même commission eut à se préoccuper de la résiliation du bail avec Deville (Chalut était mort en 1788); elle dressa à cette occasion l'état suivant :

« Maison occupée par Madame comtesse d'Artois. Louée de M. de Chalut de Vérins moyennant 18,000 livres par année, à commencer du 1er septembre 1786.

« Il est dû sur ce loyer depuis le 1er janvier 1789 : 135,000 livres. Depuis l'établissement, il a été dépensé :

« En loyer	55.500 l.	» s.
« Bâtiments	76.962	14
« Meubles.	88.176	3
« Conciergerie.	63.472	3
« Présens.	1.896	»
« Habillemens	782	8
	286.789 l.	8 s.
« Sur quoy payé. . . .	238.816	13
« Reste dû	27.972 l.	15 s. »

Il est donc certain que la comtesse, en décembre, ne pouvait guère songer retourner à Saint-Cloud. Elle n'y revint jamais. Elle mourut obscurément dans l'exil, où elle avait accompagné son mari.

VI. — DEVILLE. — BOURRIENNE.

La Famille de Béarn.

1789-1871

Deville, gendre adoptif et successeur de Chalut de Vérins, était l'un des plus riches fermiers généraux d'alors. Il ne semble pas que le nouveau régime l'inquiétât beaucoup au début. On n'a conservé contre lui qu'une seule dénonciation. Elle émane

(1) Arch. nat., R¹ 379.

d'un sieur Colliex, ancien notaire, ancien receveur des fermes, et qui précisément était en procès avec lui, touchant la succession Chalut. Cette dénonciation, calomnieuse, sans fondement, ne paraît pas avoir eu d'effet (1).

Deville tomba cependant, englobé dans la « fournée » des fermiers généraux. Incarcéré le 28 novembre 1793 à la maison de Port-Libre, il y partagea la chambre de Lavoisier (2). Transféré ensuite avec ses collègues dans l'ancien hôtel des fermes, devenu prison, il comparut devant le Tribunal révolutionnaire, le 7 mai 1794. Lorsque, le soir même, il ne lui resta aucun doute sur le sort qui l'attendait, il écrivit à sa femme une lettre ferme et digne qu'un de ses petits-neveux a dans la suite publiée (3). Le 8 mai, sa tête tombait (4).

Sa veuve restait presque dénuée de biens et chargée de six enfants dont l'aîné atteignait sept ans et le plus jeune venait de naître (5). Aussi, le 24 septembre 1794, Bordas, au nom du Comité des Secours publics, demandait-il à la Convention de voter à Catherine Desrochers, sur les reprises qu'elle avait à exercer sur les biens et successions de Chalut et Deville, une somme de 3,000 livres. Le secours fut accordé (6).

---

(1) Bibl. nat., Imp., Ln²⁷ 6060 : *Observations d'un patriote sur ce qu'il a entendu au Tribunal du deuxième arrondissement*, par LAPALUS, du lundi 23 septembre 1793; Paris, 1793, in-8°, 8 p. ; et Arch. nat., F⁷ 4676 : Inventaire des papiers de Deville. Cet inventaire signale, relativement à la maison de Saint-Cloud, « 46 pièces qui sont anciens titres... et autres renseignements y relatifs, lesquels n'ont été plus amplement décrits, mais seulement cottés et paraphés... ». Lors de l'acquisition Lupin en 1831, ces pièces, « anciens titres, notes et renseignements », étaient au nombre de 62. Tous ont depuis disparu, sans doute dans l'incendie de 1871.

Parmi les papiers de Deville, signalons 48 gravures en 21 livraisons, représentant les événements principaux de la Révolution, qui furent envoyés au « dépôt littéraire, rue Marc », et entrèrent au département des Estampes de la Bibliothèque nationale, comme en témoigne un récépissé de la Commission d'Instruction publique (Arch. nat., T 1618), signé par Mᵐᵉ Deville.

(2) Grimaux, *Lavoisier*. Paris, 1888, in-8°, p. 272.

(3) Joubert, *Les Fermiers généraux sous la Terreur. — Le Correspondant*, 25 février 1869. — Cité encore par Thirion, *ouv. cit.*, p. 492.

(4) Il fut exécuté (mais non *jugé*, comme le prétend M. Thirion) sous le nom de Devesle; il fallut qu'ensuite un jugement du Tribunal révolutionnaire du 6 vendémiaire au III réformât son acte de décès d'après son acte de baptême. (Arch. nat., W 362)

(5) L'aîné naquit à Paris le 21 mars 1787, et le sixième vint au monde le mois même de l'exécution du père, en mai 1794. (Arch. nat., T 1618, doss. 127, et acte de propriété du docteur Javal.)

(6) Réimpression du *Moniteur*, t. XXII, p. 64.

Huit ans plus tard, la jeune veuve, rentrée au nom de ses enfants en possession de la maison de Saint-Cloud, la vendait, sur
avis du conseil de famille, à Son Excellence Louis-Antoine Fau-
velet de Bourrienne, conseiller d'Etat (1). Bourrienne a longuement — et assez faussement sans doute — fait exposer dans ses
Mémoires les circonstances qui déterminèrent et entourèrent
cette acquisition. Il est malheureusement, faute de documents,
impossible de contrôler son récit (2).

« Pendant le mois qui suivit la démission, non acceptée, que
j'avais donnée au Premier Consul, on me proposa la maison de
Saint-Cloud qui appartenait à Mme Deville : c'était celle où les
ducs d'Angoulême et de Berry (3) avaient été inoculés. Je fus
voir cette maison, pensant que je pourrais y réunir ma famille.
Malgré sa ravissante situation, elle me parut trop grande et
pour ma fortune et pour mes goûts. Excepté les murs extérieurs,
elle était en fort mauvais état. Tout dans l'intérieur exigeait de
grandes dépenses pour la réparation. Mme Bonaparte, apprenant
que Mme de Bourrienne faisait tout son possible pour m'empêcher de l'acheter, désira la voir et en fit un but de promenade
avec nous. Elle en fut tellement enchantée qu'elle traita ma
femme de folle de ne pas en vouloir. A l'objection qu'elle lui fit
de la dépense à y faire, Joséphine répondit : « Ah! nous arran-
« gerons cela. » A notre retour à la Malmaison, elle vanta tant
cette acquisition à Bonaparte, qu'il me dit : « Eh bien! pour-
« quoi ne l'achetez-vous pas, Bourrienne, puisque le prix est
« raisonnable (elle valait 60,000 francs); car une fois à Saint-
« Cloud, il viendra bien du monde de Paris, et vous pourrez
« tenir une seconde table. »

« La maison fut donc achetée. On demanda d'abord vingt
mille francs, pour la rendre habitable. Il fallait meubler cette
grande maison. On commanda les meubles. Mais, dès que le
marteau y fut, tout croulait et on trouva d'immenses réparations
à faire.

« Bonaparte, à cette époque, faisait hâter l'achèvement des

----

(1) Acte de propriété de M. le docteur Javal.

(2) *Mémoires de Bourrienne*, éd. de 1829, t. IV, p. 162-165; éd. Lacroix, t. III,
p. 363 et suiv.

(3) C'étaient les fils de la comtesse d'Artois.

travaux du château de Saint-Cloud, qu'il lui tardait d'habiter (1).
Ne pouvant pas le quitter un instant, je trouvais trop pénible
d'aller, de venir deux ou trois fois par jour de Rueil à Saint-
Cloud ; je vins donc m'établir avec ma famille dans cette maison
remplie d'ouvriers. J'y étais à peine depuis huit jours, lorsque
Bonaparte me déclara qu'il n'avait plus besoin de mes services.

« Ce fut surtout cette maison de Saint-Cloud qui excita l'envie.
On inventait mille fables sur le prétendu luxe de cette habitation,
dont on avait à peine eu le temps de meubler le premier étage.
On fit obstinément à ce sujet, à Bonaparte, des rapports plus
ridicules les uns que les autres. Une femme osa lui assurer que
le boudoir était enrichi de pierres fines et les draperies brodées
en perles fines ; que ce boudoir coûtait 500,000 francs. A cette
dernière absurdité, Bonaparte répondit, ainsi que Duroc m'en
a donné l'assurance : « Ah ! Madame, vous m'en direz tant que
« je ne croirai plus rien ! »

« Bonaparte partit pour un voyage. Je me retirai avec ma
famille chez Mme de Coubertin... Nous revînmes à Saint-Cloud
le jour même où l'on attendait Bonaparte le soir. Il n'y avait pas
un quart d'heure qu'il était arrivé qu'il me fit dire de démé-
nager dans vingt-quatre heures l'appartement des Tuileries
qu'il avait donné sa parole à ma femme de lui laisser pour faire
ses couches. Il réclama en même temps le mobilier de Rueil
dont il m'avait fait présent...

« Il faut dire que sa table était, à son arrivée, couverte de
rapports qui me faisaient parler et agir à Paris, où je n'avais
pas mis les pieds et où je n'avais eu de communication avec
personne (2).

---

(1) Le Premier Consul avait été invité par les habitants de Saint-Cloud à venir
occuper le palais désert. Bonaparte déclara qu'il n'accepterait rien du peuple pendant son Consulat. Ce qui ne l'empêcha point, quelques années après, de s'y installer de sa propre autorité. Il en fit sa résidence d'été et comme le lieu où la Cour
du Premier Consul venait répéter ses rôles de future Cour impériale. (Thibaudeau,
Mémoires sur le Consulat; Paris, 1827, in-8º ; et *Mémoires de Bourrienne,* éd. de 1829,
t. V, p. 9.)

Les premiers séjours de Napoléon dans le palais de Saint-Cloud vont du 30 septembre au 28 octobre 1802 et du 14 novembre au 23 janvier 1803. (Pénot, *Itiné-
raire général de Napoléon;* Paris, 1845, in-8º.)   Perrot

(2) Il n'est resté aucune trace de ces rapports aux Archives nationales. On doit
d'ailleurs penser que, durant son passage à la police, sous la Restauration, Bourrienne purgea soigneusement les dossiers de tout ce qui était de nature à le
compromettre. Il n'est resté de lui qu'une série de documents (F⁷ 6588) relatifs à

« Après mon départ pour Hambourg (1), Bonaparte prit sans façon possession de mes écuries et de mes remises à Saint-Cloud; il y logea quarante chevaux; il y en avait jusque dans les allées et les avenues, et autant de voitures avec beaucoup de gens d'écurie. Il prit aussi une jolie maison qui était à l'entrée du parc; il y logea ses cochers, ses palefreniers; on abîma tout. Tout cela fut fait militairement, sans me prévenir, et gratuitement. Il regardait la maison comme à lui; il m'avait bien ordonné de l'acheter, mais il ne l'avait pas payée. Cette occupation dura plus de quatre ans. »

Bourrienne demeura hors de France jusqu'à la Restauration. Dès son retour, le 12 février 1816, il vendait la propriété de Saint-Cloud, pour 170,000 francs, à Bernard Lupin, négociant, chevalier de la Légion d'honneur. Depuis, elle passa, en 1840, dans les mains de la famille de Béarn. Elle appartient aujourd'hui à M. le docteur Javal, membre de l'Académie de Médecine (2).

Comme toute la ville de Saint-Cloud, elle souffrit cruellement de la guerre franco-allemande (3). Incendiée, l'ancienne demeure de l'Electeur ne conserva que ses quatre murs. Le lierre en couvre les ruines. Le charme et la poésie de son aspect évoquent à la pensée l'image d'un dessin de Fragonard ou d'Hubert Robert.

La maison de Gâtine, restaurée, sert seule d'habitation.

Les vastes terrasses, avec leurs allées de marronniers séculaires, ont encore un aspect imposant; de magnifiques échappées de vue sur les méandres de la Seine laissent découvrir un pano-

l'affaire Renemesnil, à laquelle Bourrienne fut mêlé lors de son séjour à Hambourg. Il y est fait allusion à sa « fortune mal acquise », à ses « mauvaises mœurs », à ses « actions honteuses » et ses « crapuleuses débauches ».

(1) Rentré en grâce, Bourrienne avait été envoyé à Hambourg, comme chargé d'affaires. Il partit le 20 mai 1805. Cette même année, Napoléon séjourna à Saint-Cloud du 18 juillet au 1er août et du 4 au 28 septembre. (Penot, *ouv. cit.*)

(2) Acte d'acquisition du docteur Javal. — Mon travail était à l'impression lorsque la mort a frappé cet homme éminent. C'est lui qui avait suscité mes recherches, et il les avait secondées jusqu'au bout avec une active sollicitude.

(3) Voir, fig. I, une reproduction de la photographie d'après laquelle l'abbé Boudier a édité celle qui est insérée dans son recueil : *Les Ruines de Saint-Cloud;* Saint-Cloud, s. d., in-8° oblong. (Bibl. nat., L K⁷ 17635, texte p. 5.)

rama comparable à celui qu'on admire à Meudon ou à Saint-Germain. Quant aux jardins proprement dits, qu'ont morcelés la ligne du chemin de fer des Moulineaux et le boulevard Sénard, ils ne conservent plus que des traces de leur somptuosité disparue.

Empreints de grandeur et de noblesse, ces restes constituent l'un des sites les plus intéressants du vieux Saint-Cloud et l'un des coins les plus beaux et les plus discrets des environs de Paris.

TABLE DES MATIÈRES

TABLE DES GRAVURES

VERSAILLES. — IMP. AUBERT 6, AVENUE DE SCEAUX